Creațiile Supreme de Tapas Savurează Esența Bucătăriei Spaniole Prin Cele Mai Bune Bucăți Mici

Descoperă Secretele Bucătăriei Spaniole Printr-o Călătorie Culinară Plină de Aromă și Textură De la Rețete Clasice la Inovații Moderne Care Îți Vor Cuceri Papilele Gustative

Elena Radu

Material cu drepturi de autor ©2025

Toate drepturile rezervate

Nicio parte a acestei cărți nu poate fi utilizată sau transmisă sub nicio formă sau prin orice mijloc fără acordul scris corespunzător al editorului și al proprietarului drepturilor de autor, cu excepția citatelor scurte utilizate într-o recenzie. Această carte nu trebuie considerată un substitut al sfaturilor medicale, juridice sau de altă natură profesională.

.Patatas Bravas

Produce: 2

INGREDIENTE:
- 750 g cartofi
- 400 g rosii, tocate
- 5 linguri ulei de măsline
- 3 catei de usturoi, macinati
- 1 lingurita zahar tos
- 3 roșii de viță de vie, tocate
- 1 ceapa, tocata
- ½ linguriță fulgi de chili uscați
- ½ linguriță boia dulce afumată
- 1 lingura otet de sherry
- Pătrunjel, de servit

INSTRUCȚIUNI:
a) Curățați cartofii și tăiați-i bucăți mici.
b) Fierbeți cartofii timp de 8 minute.
c) Preîncălziți cuptorul la 380 de grade F.
d) Intr-o tava de copt adauga jumatate din uleiul de masline.
e) Aranjați cartofii în tavă. Se prăjește aproximativ 50 de minute.
f) Pentru sos, adauga restul de ulei in tigaie.
g) Adăugați usturoiul zdrobit și gătiți timp de 2 minute.
h) Adăugați ceapa și amestecați timp de 5 minute.
i) Adăugați condimentele. Se fierbe timp de 10 minute.
j) Ungeți cartofii cu sare. Adăugați sosul deasupra.

3.Albondigas fumurii

Produce: 6

INGREDIENTE:
- 400 g carne tocata de porc
- 4 felii de pâine albă
- 400 g carne tocată de vită
- 1 cățel de usturoi, zdrobit
- Ulei de masline
- ½ lingurita boia afumata
- 6 linguri lapte
- pătrunjel o grămadă mică, tocat
- 1 ou
- Sos de rosii
- 200 ml vin roșu
- 800 g rosii tocate
- 2 catei de usturoi, taiati felii
- 1 praf de boia afumata

INSTRUCȚIUNI:
a) Tăiați coaja feliilor de pâine. Tăiați feliile de pâine în cuburi mici.
b) Adăugați laptele într-un bol.
c) Adăugați cuburile de pâine și înmuiați-le.
d) Adăugați oul, boia de ardei, condimentele, usturoiul și carnea tocată.
e) Se imbraca bine si se face chiftele.
f) Intr-o tigaie adauga uleiul de masline. Prăjiți chiftelele până se rumenesc.
g) Transferați chiftelele pe o farfurie.
h) In aceeasi tigaie mai adauga putin ulei.
i) Adăugați usturoiul și gătiți timp de 1 minut.
j) Se adauga vinul si se fierbe 2 minute.
k) Adăugați boia de ardei, roșiile, condimente și gătiți timp de 10 minute.
l) Adăugați chiftelele și gătiți timp de 20 de minute.
m) Se serveste cu patrunjel deasupra.

1.Crochete cu șuncă

Produce: 2

INGREDIENTE:
- 150 g sunca serrano, tocata
- 1 frunză de dafin
- 75 g unt
- 75 g făină simplă 75 g
- 500 ml lapte integral
- 50 g manchego, ras
- 1 praf de nucsoara
- 2 oua
- 100 g pesmet
- Ulei pentru prăjire adâncă

INSTRUCȚIUNI:
a) Intr-o tigaie se adauga sunca si se adauga foaia de dafin.
b) Gatiti aproximativ 5 minute.
c) Transferați șunca pe o farfurie.
d) Adăugați untul și amestecați făina. Faceți o pastă.
e) Se toarnă laptele încet și se face un sos.
f) Adăugați din nou șunca și foaia de dafin în tigaie.
g) Gatiti 15 minute. Adăugați brânza, nucșoara și condimentele.
h) Acum congelați amestecul timp de 3 ore.
i) Scoateți bile și scufundați în ou. Acoperiți-le cu pesmet și prăjiți-le maro auriu. Servi.

Salata de ardei Piquillo

Produce: 2

INGREDIENTE:
- 2 borcane ardei piquillo
- 1 lingura ulei de masline
- 4 catei de usturoi, taiati felii
- 1 lingura patrunjel, tocat
- Sare si piper dupa gust
- 2 linguri otet de sherry

INSTRUCȚIUNI:
a) Scurgeți ardeii piquillo.
b) Intr-o tigaie adauga uleiul de masline.
c) Adăugați usturoiul și gătiți timp de 3 minute.
d) Transferați usturoiul într-un bol.
e) Adăugați oțetul de sherry în bol.
f) Se adauga sare, piper si ardeii.
g) Se amestecă pătrunjelul și se amestecă bine. Servi.

5.Tapas Creveți, Aioli și Piper

Produce: 4

INGREDIENTE:
- 16 creveți cruzi
- 200 g cârnați chorizo, tăiați la jumătate
- 2 ardei taiati cubulete
- 4 catei de usturoi, taiati felii
- 2 linguri suc de lamaie
- ulei de masline
- 1 lingura otet de sherry
- 150 g maioneza
- 1 ceapă, tăiată felii
- 2 linguri de frunze de cimbru
- 2 linguri boia dulce afumată

INSTRUCȚIUNI:
a) Ungeți o tavă de copt cu ulei.
b) Preîncălziți cuptorul la 400 de grade F.
c) Adăugați usturoiul, ardeii, cârnații, condimentele, condimentele și ierburile. Adăugați uleiul.
d) Se toarnă zeama de lămâie. Se prăjește timp de 25 de minute.
e) Acum scoateți feliile de usturoi. Adăugați creveții în tavă.
f) Coaceți încă 10 minute.
g) Se zdrobește usturoiul prăjit și se combină cu maiaua.
h) Serviți vasul cu aioli.

7.Ardei Padron la gratar cu Chorizo

Produce: 6

INGREDIENTE:
- 150 g ardei padron
- 2 chorizos
- ulei de masline
- 1 lingura miere
- sare de mare sub formă de fulgi pentru stropire
- 1 praf de boia afumata

INSTRUCȚIUNI:
a) Tăiați chorizo-urile în cuburi mici și subțiri.
b) Luați niște frigărui și fileți ardeii și cuburi de chorizo.
c) Ungeți-le cu miere, boia de ardei, sare de mare și ulei de măsline.
d) Adăugați ulei de măsline pe grătar.
e) Se adauga frigaruile si se grata 2 minute pe fiecare parte.
f) Servi.

.Midii și spanac

Produce: 8

INGREDIENTE:
- 2 lb. scoici, curățate
- 150 g spanac
- 4 linguri vin alb sec
- 2 cepe, tocate
- ulei de masline
- 4 foi de dafin
- ½ linguriță crenguțe de cimbru
- 250 g crème fraîche
- 1 lingura de unt
- 10 boabe de piper negru
- 1 baton de telina, tocata
- 2 vârfuri de șuvițe de șofran

INSTRUCȚIUNI:
a) Intr-o tigaie adauga putin ulei si ofileste spanacul timp de 1 minut.
b) Intr-o cratita adauga vinul cu ceapa, telina, piper boabe si cimbru.
c) Gatiti 10 minute. Adăugați midiile.
d) Acoperiți cu capac și gătiți timp de 5 minute.
e) Scoateți scoici și împărțiți-le în jumătate. Scoateți carnea din jumătate și aruncați acele coji goale.
f) Într-o tigaie se topește untul. Adăugați șofranul, lichiorul de midii crème fraîche și condimentele.
g) Gatiti 10 minute. Adăugați spanacul și scoicile. Gatiti 2 minute.
h) Servi.

9.Pâine catalană cu roșii

Produce: 4

INGREDIENTE:
- 2 roșii, tăiate la jumătate
- 4 felii de pâine cu aluat
- ulei de masline
- 1 cățel de usturoi, tăiat la jumătate

INSTRUCȚIUNI:
a) Luați feliile de pâine cu aluat și prăjiți-le.
b) Folosiți-vă mâinile pentru a freca cățeii de usturoi pe felii.
c) Acum frecați roșiile coapte pe feliile de pâine.
d) Se adauga uleiul si se serveste.

10. Chipjelii de cod afumat

Produce: 8

INGREDIENTE:
- 500 g file de cod afumat
- 300 ml lapte
- 2 cartofi, curatati si taiati cubulete
- 3 linguri faina
- 1 ou
- 1 lamaie, cu coaja
- 1 ceapă, rasă
- ½ linguriță mărar, tocat
- felii de lămâie pentru a servi

INSTRUCȚIUNI:
a) Într-o tigaie se pune ceapa.
b) Se toarnă laptele și se acoperă. Se fierbe aproximativ 5 minute.
c) Se pune codul si se acopera. Gatiti 5 minute.
d) Adăugați cartofii și acoperiți din nou. Gatiti 8 minute.
e) Acum, combinați peștele, cartofii, ceapa, făina, mărarul, coaja de lămâie, oul și condimentele.
f) Amesteca bine. Faceți bile mici și puneți la frigider pentru o jumătate de oră.
g) Prăjiți-le maronii când sunt gata de servire.

1. Migas

Produce: 4

INGREDIENTE:
- 200 g cuburi de bacon afumat
- 4 ouă
- 200 g bagheta
- 1 lingurita boia afumata
- ulei de masline
- 1 ardei rosu, feliat
- 1 cățel de usturoi, tocat

INSTRUCȚIUNI:
a) Rupeți bagheta în bucăți mai mici.
b) Intr-o tigaie adauga putin ulei si prajeste baconul pana devine afumat
c) Transferați pe o farfurie.
d) Se amestecă ardeiul roșu în tigaie și se fierbe timp de 8 minute.
e) Adăugați usturoiul și gătiți timp de 2 minute.
f) Întoarceți slănina și bucățile de baghetă.
g) Gatiti 2 minute.
h) Prăjiți ouăle cu condimente și adăugați deasupra înainte de servire.

12. Branza Tetilla la cuptor cu Escalivada

Produce: 2

INGREDIENTE:
- 300 g brânză tetilla, feliată
- 1 praf de oregano uscat
- 50 ml coniac
- Toast pentru a servi
- Escalivada
- 1 ceapă roșie, tăiată felii
- 1 ardei rosu, taiat in jumatate si fara samburi
- Ulei de masline
- 1 vinete, taiata la jumatate

INSTRUCȚIUNI:
a) Preîncălziți cuptorul la 400 de grade F.
b) Apoi, ungeți o tavă de copt cu ulei de măsline.
c) Adăugați legumele în tava unsă cu unt.
d) În continuare, asezonați cu sare și piper. Adăugați ulei de măsline deasupra.
e) Se coace la cuptor timp de 20 de minute.
f) Le scoatem din cuptor si lasam sa se raceasca putin.
g) Scoateți coaja vinetelor și ardeiul.
h) Apoi tăiați-l mărunt. Se amestecă cu puțin ulei.
i) Într-o tavă rezistentă la cuptor, adăugați brânza. Adăugați legumele tăiate felii.
j) Adăugați sezonul și oregano. Coaceți timp de 5 minute.
k) Adăugați coniacul și coaceți din nou 5 minute. Serviți cu pâine prăjită.

13.Deli Cheesy Aperitive cu brânză de capră

Produce: 10

INGREDIENTE:
- 10 smochine
- 1 cană brânză de capră
- 10 crengute de cimbru
- Sare si piper dupa gust
- 10 felii subțiri de carne delicată

INSTRUCȚIUNI:
a) Tăiați smochinele în felii fără a tăia marginea.
b) Aranjați-le pe o farfurie de servire.
c) Adăugați feliile de carne de delicatese. Adăugați brânza de capră deasupra.
d) Se condimentează cu sare și piper. Adăugați crenguțe de cimbru deasupra. Servi.

4.Wrap cu slănină cu curmale

Produce: 15

INGREDIENTE:
- 15 date
- ½ cană unt de arahide
- 15 fasii de bacon de vita
- Un praf de sare de mare

INSTRUCȚIUNI:
a) Tăiați o fantă pe curmale. Scoateți sămânța.
b) Adaugati generos unt de arahide in interiorul curmalelor.
c) Intr-o tigaie, adauga baconul de vita si gateste 1 minut pe fiecare parte.
d) Sigilați-le folosind o scobitoare.
e) Adăugați sare de mare deasupra. Servi.

15.Salata de maia cu somon pe avocado

Produce: 2

INGREDIENTE:
- 1 avocado copt
- 1 file de somon
- 1 rosie, tocata
- 2 linguri de ceai, tocat
- 4 linguri de maia
- 1 lingurita boia
- 1 lingurita ulei de arahide
- Sare si piper negru dupa gust

INSTRUCȚIUNI:
a) Dezosați somonul și îndepărtați pielea somonului.
b) Intr-o tigaie adauga uleiul de arahide si prajeste somonul 2 minute pe fiecare parte.
c) Într-un castron, fulgi peștele.
d) Adăugați maiaua, ceapa, roșia, boia de ardei, sare, piper și amestecați bine.
e) Tăiați avocado în jumătate. Scoateți groapa.
f) Se pune pe o farfurie de servire.
g) Adăugați amestecul de somon deasupra. Servi.

16. Cartofi dulci cu conopidă prăjită

Produce: 6

INGREDIENTE:
- 1 cană buchetele de conopidă
- 1 ou
- 2 linguri pesmet
- 2 linguri faina de orez
- Ulei pentru prajit
- 2 linguri de seminte de dovleac
- 1 lingura frunze de coriandru, tocate
- 2 avocado coapte, pasate fin
- 6 cartofi dulci
- 1 lingurita ulei de masline
- 1 lingurita rozmarin
- 1 lingurita boia
- Sare si piper dupa gust

INSTRUCȚIUNI:
a) Tăiați buchețelele în bucăți mici.
b) Combinați oul, sarea, piperul, făina de orez, boia și amestecați bine.
c) Adauga buchetele de conopida in amestec.
d) Prăjiți-le până devin crocante. Adăugați într-un șervețel de bucătărie.
e) Adăugați folia de aluminiu pe tava de copt.
f) Tăiați cartoful dulce în jumătate. Așezați-le pe tavă.
g) Adăugați ulei de măsline deasupra. Se presara deasupra sare, piper, rozmarin.
h) Se coace timp de 3 25 de minute. Lasam sa se raceasca putin.
i) Adăugați piure de avocado deasupra. Adăugați conopida prăjită.
j) Adăugați deasupra semințele de dovleac și ierburile. Servi.

7.Toast mic dejun tapas

Produce: 1

INGREDIENTE:
- 2 linguri spanac
- 6 roșii cherry, tăiate felii
- 1 lingurita ulei de masline
- 2 linguri de brânză de vaci
- 2 felii de brânză cheddar
- 1 felie de pâine
- ¼ de avocado, tăiat în felii
- 1 lingurita ulei de masline
- 1 lingurita boia
- Sare si piper dupa gust

INSTRUCȚIUNI:
a) Prăjiți felia de pâine. Adăugați deasupra feliile de brânză cheddar.
b) Întindeți brânza de vaci cu grijă.
c) Adaugam feliile de avocado urmate de spanac si rosiile cherry.
d) Adăugați ulei, sare, piper și boia de ardei deasupra. Servi.

18.Sărutări de inimă de caviar

INGREDIENTE:

- 1 castravete, curățat și tăiat
- ⅓ cană smântână
- 1 lingurita buruiana de marar uscata
- Piper negru proaspăt măcinat după gust
- 1 borcan caviar de somon roșu
- Crengute proaspete de marar
- 8 felii subțiri de pâine integrală
- Unt sau margarina

INSTRUCȚIUNI:

a) Tăiați castraveții în rondele de ¼ inch.
b) Într-un castron mic, combinați smântâna, mărarul uscat și piperul.
c) Pune o lingurita de amestec de smantana pe fiecare felie de castravete. Decorați fiecare cu aproximativ ½ linguriță caviar și o crenguță de mărar.
d) Tăiați felii de pâine cu un tăietor de prăjituri în formă de inimă.
e) Pâine prăjită și unt. Puneți felii de castraveți în centrul farfuriei de servire și înconjurați-le cu inimioare de pâine prăjită.

19.Mini Churros cu Chili Ciocolata

INGREDIENTE:
- 1 cană apă
- ½ cană ulei de cocos sau unt vegan
- 1 cană de făină
- ¼ linguriță sare
- 3 oua batute
- Amestec de zahăr de scorțișoară
- ½ cană zahăr 1 lingură scorțișoară

INSTRUCȚIUNI:
a) Se preîncălzește cuptorul la 400 Combinați apa, uleiul/untul de cocos și sarea într-o oală și aduceți la fierbere.
b) Se amestecă făina, amestecând rapid până când amestecul se transformă într-o bilă.
c) Amestecați încet ouăle puțin câte una, amestecând continuu pentru a vă asigura că ouăle nu se amestecă.
d) Lăsați aluatul să se răcească ușor, apoi transferați-l în pungă.
e) Puneți churros lungi de 3 inci în rânduri pe foaia de copt unsă.
f) Coaceți la cuptor timp de 10 minute la 400 de grade și apoi coaceți la cuptor timp de 1-2 minute până când churros sunt aurii.
g) Între timp, amestecați scorțișoara și zahărul într-un vas mic.
h) Odată ce churros sunt scoase din cuptor, rulați-le în amestecul de scorțișoară și zahăr până când sunt complet acoperiți. Pus deoparte.

20.Pufuri de crema de cocktail

INGREDIENTE:

- ½ cană de unt
- 1 cană de făină
- 4 ouă
- 1 cană apă clocotită
- 2 linguri de unt
- 1 cană nuci pecan, tocate
- 1½ cană de pui, fiert
- ¼ lingurita Sare
- 3 uncii de brânză cremă
- ¼ cană maioneză
- ¼ linguriță coajă de lămâie

INSTRUCȚIUNI:

a) Combinați untul și apa clocotită într-o cratiță. Adăugați făină și sare ș[i] fierbeți aproximativ 2 minute sau până se formează o minge moale. Se adauga ouale, pe rand, batand bine.

b) Puneți lingurițe de amestec pe o foaie de copt unsă. Se coace 20 - 2[2] de minute la 425 de grade. Se răcește pe grătar.

c) Topiți untul într-o tigaie; se adauga nucile pecan si se fierbe la foc mi[c] pana se rumenesc. Se răcește și se combină ingredientele rămase. Folosiț[i] pentru a umple pufuletele cu smântână.

d) Tăiați o felie de deasupra pufulei și umpleți-o cu umplutură de pui. Înlocuiți vârfurile.

1.Mini Tarte cu fructe

INGREDIENTE:
- Mini coji de tartă sau cupe de filo pregătite
- Fructe proaspete asortate
- 1 cană smântână de patiserie sau cremă de vanilie
- Zahăr pudră pentru pudrat (opțional)
- Frunze de mentă proaspătă pentru decor (opțional)

INSTRUCȚIUNI:
a) Preîncălziți cuptorul la temperatura specificată pe pachetul de tartă sau pe rețetă.
b) Dacă folosiți cupe de filo, coaceți-le conform instrucțiunilor de pe ambalaj și lăsați-le să se răcească.
c) Umpleți fiecare coajă de tartă sau ceașcă filo cu o lingură de cremă de patiserie sau cremă de vanilie.
d) Aranjați fructele proaspete deasupra cremei, creând un afișaj colorat.
e) Pudrati cu zahar pudra daca doriti si ornati cu frunze de menta proaspata.
f) Servește aceste mini tarte încântătoare cu fructe ca un deliciu dulce și răcoritor.

22.Mini eclere de ciocolată

INGREDIENTE:
- 1 foaie de aluat foietaj, decongelat
- 1 cană lapte integral
- 2 linguri de unt nesarat
- 2 linguri de făină universală
- 2 linguri pudra de cacao
- 2 linguri de zahar granulat
- Vârf de cuțit de sare
- 2 ouă mari
- 1 cană smântână groasă
- 2 linguri de zahar pudra
- Ganache de ciocolată sau ciocolată topită pentru topping (opțional)

INSTRUCȚIUNI:
a) Preîncălziți cuptorul la 400°F (200°C).
b) Întindeți foaia de foietaj dezghețată și tăiați-o în dreptunghiuri mici, de aproximativ 3 inci lungime și 1 inch lățime.
c) Asezam dreptunghiurile de aluat pe o tava tapetata cu hartie de copt.
d) Într-o cratiță, încălziți laptele și untul la foc mediu până când untul se topește și amestecul ajunge la fiert.
e) Într-un castron separat, amestecați făina, pudra de cacao, zahărul granulat și sarea.
f) Adăugați treptat amestecul uscat în laptele care fierbe, amestecând continuu până când amestecul se îngroașă și se smulge de pe părțile laterale ale cratiței.
g) Scoateți cratita de pe foc și lăsați-o să se răcească puțin.
h) Bateți ouăle, pe rând, asigurându-vă că fiecare ou este complet incorporat înainte de a adăuga următorul.
i) Transferați amestecul într-o pungă prevăzută cu un vârf rotund.
j) Puneți amestecul pe dreptunghiurile de patiserie pregătite, formând o linie în centru.
k) Coaceți eclerele în cuptorul preîncălzit timp de 15-20 de minute, sau până când devin maronii și umflați.
l) Scoateți din cuptor și lăsați-le să se răcească complet.
m) Într-un castron, bateți smântâna groasă și zahărul pudră până se formează vârfuri tari.
n) Tăiați eclerele răcite în jumătate pe orizontală și turnați frișca pe jumătățile de jos.

o) Așezați jumătatea superioară a eclerelor înapoi deasupra cremei.
p) Opțional: stropiți cu ganache de ciocolată sau ciocolată topită pentru un plus de răsfăț.
q) Servește aceste mini eclere de ciocolată delicioase ca un deliciu de patiserie.

23. Mini rulouri cu scorțișoară

INGREDIENTE:
- 1 foaie de aluat foietaj, decongelat
- 2 linguri de unt nesarat, topit
- ¼ cană zahăr granulat
- 1 lingura scortisoara macinata
- ¼ cană zahăr pudră (pentru glazură)
- 1-2 linguri lapte (pentru glazura)

INSTRUCȚIUNI:
a) Preîncălziți cuptorul la 400°F (200°C).
b) Întindeți foaia de foietaj dezghețată într-o formă dreptunghiulară.
c) Ungeți untul topit pe toată suprafața foietajului.
d) Într-un castron mic, amestecați zahărul granulat și scorțișoara măcinată.
e) Presărați uniform amestecul de zahăr cu scorțișoară peste aluatul foietaj uns cu unt.
f) Pornind de la o margine lungă, rulați strâns aluatul foietaj într-un buștean.
g) Tăiați bușteanul în bucăți mici, de aproximativ 1 inch lățime.
h) Așezați feliile de rulada de scorțișoară pe o tavă de copt tapetată cu hârtie de copt.
i) Coaceți în cuptorul preîncălzit timp de 12-15 minute, sau până când devine auriu și umflat.
j) Într-un castron separat, amestecați zahărul pudră și laptele pentru a crea o glazură.
k) Stropiți glazura peste rulourile calde de scorțișoară.
l) Servește aceste mini rulouri delicioase cu scorțișoară ca un deliciu de patiserie dulce și aromat.

24. Daneze Mini Fructe

INGREDIENTE:
- 1 foaie de aluat foietaj, decongelat
- ½ cană cremă de brânză, moale
- 2 linguri de zahar granulat
- ½ linguriță extract de vanilie
- Fructe proaspete asortate (cum ar fi fructe de pădure, piersici feliate sau caise)
- 1 ou, batut (pentru spalarea oualor)
- Zahăr pudră pentru pudrat (opțional)

INSTRUCȚIUNI:
a) Preîncălziți cuptorul la 400°F (200°C).
b) Întindeți foaia de foietaj dezghețată și tăiați-o în pătrate sau cercuri mici, de aproximativ 3 inci în diametru.
c) Puneți pătratele sau cercurile de aluat pe o tavă de copt tapetată cu hârtie de copt.
d) Într-un castron, amestecați crema de brânză înmuiată, zahărul granulat și extractul de vanilie până la omogenizare.
e) Întindeți câte o lingură din amestecul de brânză cremă pe fiecare pătrat sau cerc de aluat, lăsând un mic chenar în jurul marginilor.
f) Aranjați fructele proaspete deasupra cremei de brânză, creând un afișaj colorat și atrăgător.
g) Ungeți marginile produselor de patiserie cu spălătura cu ouă bătute.
h) Coacem in cuptorul preincalzit pentru 15-18 minute, sau pana cand aluatul devine maro auriu si umflat.
i) Scoatem din cuptor si lasam sa se raceasca putin.
j) Pudrați cu zahăr pudră dacă doriți.
k) Servește aceste mini daneze cu fructe ca un deliciu de patiserie delicios și fructat.

25. Croissant mini cu migdale

INGREDIENTE:
- 6 mini cornuri
- ½ cană pastă de migdale
- ¼ cană unt nesărat, înmuiat
- ¼ cană zahăr pudră
- ½ linguriță extract de migdale
- Migdale feliate pentru topping
- Zahăr pudră pentru pudrat (opțional)

INSTRUCȚIUNI:

a) Preîncălziți cuptorul la 350°F (175°C).

b) Tăiați mini-cornurile în jumătate pe lungime.

c) Într-un castron, amestecați pasta de migdale, untul înmuiat, zahărul pudră și extractul de migdale până se omogenizează bine și se omogenizează.

d) Întindeți o cantitate generoasă din amestecul de pastă de migdale pe jumătatea inferioară a fiecărui croissant.

e) Puneți jumătatea superioară a croissantului înapoi deasupra umpluturii.

f) Presărați migdale feliate deasupra fiecărui croissant.

g) Asezati croissantele pe o tava tapetata cu hartie de copt.

h) Coaceți în cuptorul preîncălzit timp de 10-12 minute, sau până când croissantele devin maro auriu și crocante.

i) Scoatem din cuptor si lasam sa se raceasca putin.

j) Pudrați cu zahăr pudră dacă doriți.

k) Servește aceste mini cornuri delicioase cu migdale ca un deliciu de patiserie gustos și cu nuci.

26. cupe de conopidă

INGREDIENTE:
- 1½ cani de orez cu conopida
- ¼ cană ceapă tăiată cubulețe
- ½ cană de brânză pepper jack mărunțită
- ½ linguriță de oregano uscat
- ½ lingurita busuioc uscat
- ½ lingurita sare
- 1 ou mare, bătut ușor

INSTRUCȚIUNI:
a) Preîncălziți cuptorul la 350°F.
b) Combinați toate ingredientele într-un castron mare și amestecați pentru a se încorpora.
c) Puneți amestecul în godeurile unei forme de mini briose și împachetați ușor.
d) Coaceți timp de 30 de minute sau până ce ceștile încep să devină crocante. Se lasa sa se raceasca putin si se scoate din tava.

27.Cești de quiche Bologna

INGREDIENTE:
- 12 felii bologna
- 2 oua
- ½ cană amestec de biscuiți
- ½ cană brânză mărunțită
- ¼ de cană de condiment dulce de murături
- 1 cană de lapte

INSTRUCȚIUNI:
a) Puneți felii de bologna în forme de brioșe unse ușor cu unt pentru a forma cupe.
b) Se amestecă ingredientele rămase. Se toarnă în cupe de bologna.
c) Coaceți la (400F) timp de 20-25 de minute sau până când devin aurii.

28.Cana cu prosciutto pentru briose

INGREDIENTE:
- 1 felie de prosciutto (aproximativ ½ uncie)
- 1 galbenus mediu de ou
- 3 linguri de Brie tăiat cubulețe
- 2 linguri de brânză mozzarella tăiată cubulețe
- 3 linguri de parmezan ras

INSTRUCȚIUNI:
a) Preîncălziți cuptorul la 350°F. Scoateți o formă de brioșe cu godeuri de aproximativ 2½„lată și 1½" adânc.
b) Îndoiți felia de prosciutto în jumătate, astfel încât să devină aproape pătrată. Așezați-o bine într-o tavă de brioșe pentru a o căptuși complet.
c) Puneți gălbenușul de ou într-o cană de prosciutto.
d) Adăugați brânză deasupra gălbenușului de ou ușor, fără a-l rupe.
e) Coaceți aproximativ 12 minute până când gălbenușul este fiert și cald, dar încă curge.
f) Lasati sa se raceasca 10 minute inainte de a le scoate din tava de briose.

29.Cești de taco

INGREDIENTE:
- Pudră de chili, chimen, boia de ardei
- Sare, piper negru
- ¼ de linguriță de oregano uscat
- ¼ de linguriță fulgi de ardei roșu măruntiți
- ¼ linguriță de usturoi granulat
- ¼ lingurita ceapa granulata
- 1 kilogram carne de vită macră 75% tocată
- 8 (1 uncie) felii de brânză Cheddar ascuțită
- ½ cană salsa fără zahăr adăugat
- ¼ cană coriandru tocat
- 3 linguri Frank's Sos Roșu

INSTRUCȚIUNI:
a) Preîncălziți cuptorul la 375°F. Tapetați o foaie de copt cu hârtie de copt.

b) Combinați condimentele într-un castron mic și amestecați pentru a se amesteca. Gătiți carnea de vită într-o tigaie medie la foc mediu-înalt. Când carnea de vită este aproape gata de gătit, adăugați amestecul de condimente și amestecați pentru a se acoperi complet. Se ia de pe foc si se da deoparte.

c) Aranjați feliile de brânză Cheddar pe o foaie de copt tapetată. Coaceți în cuptorul preîncălzit timp de 5 minute sau până când începe să se rumenească. Se lasa sa se raceasca 3 minute si apoi se decojeste de pe foaia de copt si se transfera fiecare felie in godeul unei forme de briose, formand o cana. Se lasa sa se raceasca.

d) Puneți cantități egale de carne în fiecare ceașcă și acoperiți cu 1 lingură de salsa. Presărați coriandru și sos iute deasupra.

30.Cești cu șuncă și cheddar

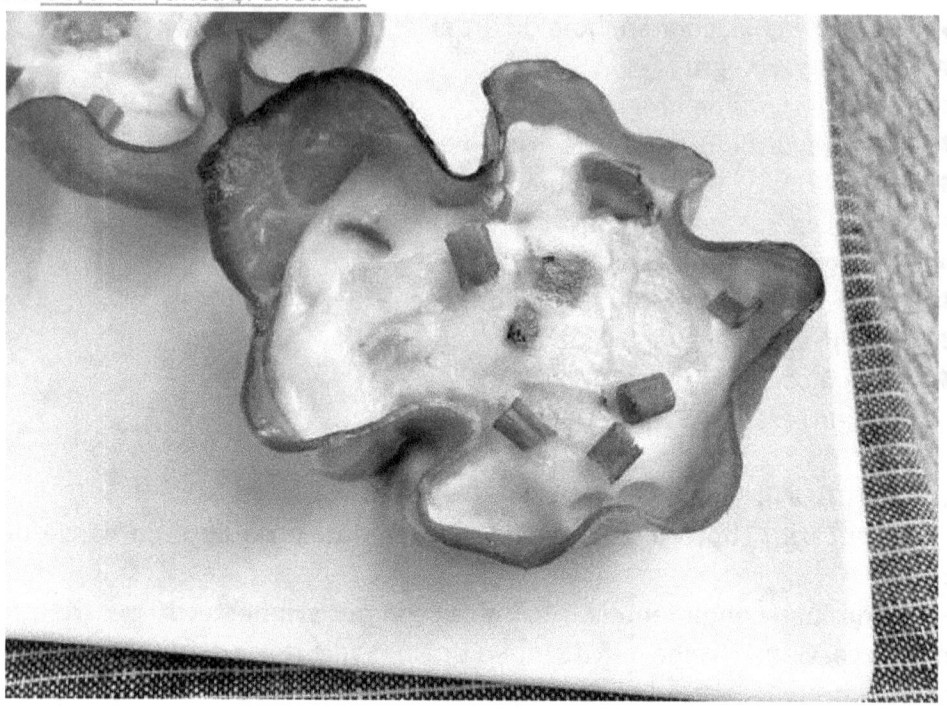

INGREDIENTE:
- 2 căni de făină universală
- ¼ cană de zahăr
- 2 lingurițe Praf de copt
- 1 lingurita Sare
- ¼ lingurita Piper
- 6 ouă
- 1 cană de lapte
- ½ kilograme șuncă complet fiartă; cuburi
- ½ kg brânză Cheddar; tăiate cubulețe sau mărunțite
- ½ kg slănină feliată; fierte și sfărâmate
- 1 ceapa mica; tocat mărunt

INSTRUCȚIUNI:
a) Într-un castron, combinați făina, zahărul, praful de copt, sarea și piperul. Bate ouăle și laptele; amestecați ingredientele uscate până se amestecă bine. Se amestecă șunca, brânza, slănină și ceapa.
b) Umpleți cupe de brioșe bine unse pe trei sferturi.
c) Coaceți la 350° timp de 45 de minute. Se răcește timp de 10 minute înainte de a se scoate pe un grătar.

31.Mini mușcături de clătite umplute cu Nutella

INGREDIENTE:
- Aluat de clătite
- Nutella sau ciocolată tartinată

INSTRUCȚIUNI:
a) Pregătiți aluatul de clătite conform instrucțiunilor de pe ambalaj sau rețetei preferate.
b) Se încălzește o tigaie antiaderentă sau un grătar la foc mediu.
c) Se toarnă cuburi mici de aluat pe tigaie, de aproximativ 2 inci în diametru.
d) Pune o lingurita mica de Nutella sau ciocolata tartinata in centrul fiecarei clatite.
e) Acoperiți cu puțin aluat pentru a acoperi umplutura.
f) Gătiți până când marginile se întăresc și se formează bule la suprafață, apoi răsturnați și gătiți cealaltă parte până devine maro auriu.
g) Serviți mini-mușcăturile de clătite calde cu pudră de zahăr pudră, dacă doriți.

32.Mușcături de slănină-stridii

INGREDIENTE:
- 8 felii Bacon
- ½ cană umplutură condimentată cu ierburi
- 1 conserve (5 oz) de stridii; tocat
- ¼ cană apă

INSTRUCȚIUNI:

a) Preîncălziți cuptorul la 350ø. Taiati felii de bacon in jumatate si gatiti usor. NU gătiți în exces.

b) Baconul trebuie să fie suficient de moale pentru a se rula ușor în jurul biluțelor. Combinați umplutura, stridiile și apa.

c) Rulați în bile de mărimea unei mușcături, aproximativ 16.

d) Înfășurați bilele în bacon. Coaceți la 350ø timp de 25 de minute. Serviți cald.

33.Mini muşcături de plăcintă cu mere

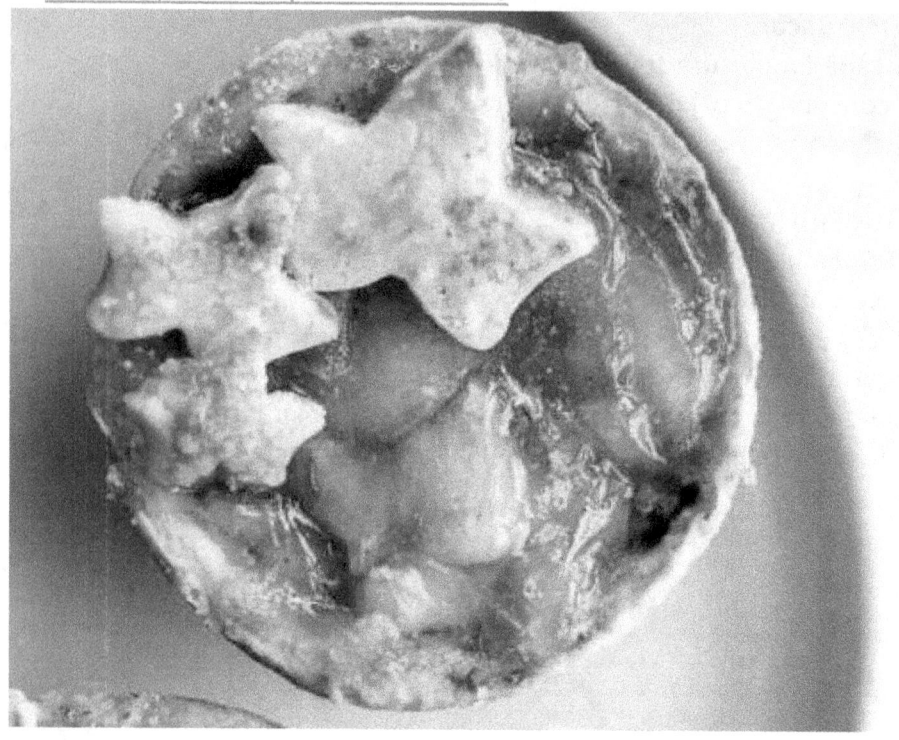

INGREDIENTE:
- Aluat de crustă de plăcintă (cumpărat din magazin sau de casă)
- Mere, decojite, decupate de miez și tăiate cubulețe
- zahar brun
- Scorțișoară
- Unt, topit

INSTRUCȚIUNI:
a) Preîncălziți cuptorul la temperatura specificată pe pachetul cu crusta de plăcintă sau pe rețetă.
b) Întindeți aluatul din crusta de plăcintă și tăiați-l în cercuri sau pătrate mici, de aproximativ 2 inci în dimensiune.
c) Într-un castron, amestecați merele tăiate cubulețe, zahărul brun și scorțișoara după gust.
d) Pune o lingură mică de amestec de mere în centrul fiecărei bucăți de aluat.
e) Îndoiți aluatul peste umplutură pentru a crea un mini buzunar pentru plăcintă și ungeți marginile pentru a sigila.
f) Ungeți blatul mini-plăcintelor cu unt topit.
g) Puneți mini mușcăturile de plăcintă cu mere pe o foaie de copt și coaceți până când crusta este maro aurie și umplutura este spumoasă, urmând pachetul cu crusta de plăcintă sau instrucțiunile rețetei.
h) Lăsați-le să se răcească puțin înainte de servire.

34. Mini trufe de ciocolată

INGREDIENTE:

- ½ cană unt nesărat, înmuiat
- ¼ cană zahăr granulat
- ½ cană zahăr brun la pachet
- 2 linguri de lapte
- 1 lingurita extract de vanilie
- 1 ¼ cană de făină universală
- ½ cană mini chipsuri de ciocolată
- 8 uncii de ciocolată, topită (pentru acoperire)

INSTRUCȚIUNI:

a) Într-un castron, cremă împreună untul înmuiat, zahărul granulat și zahărul brun până devine ușor și pufos.
b) Adăugați laptele și extractul de vanilie și amestecați până se omogenizează bine.
c) Adăugați treptat făina și amestecați până se formează un aluat moale.
d) Se amestecă mini-chipsurile de ciocolată.
e) Rulați aluatul de biscuiți în bile mici de mărimea unei trufe și așezați-le pe o tavă de copt tapetată cu hârtie de copt.
f) Pune foaia de copt la congelator pentru aproximativ 30 de minute pentru a întări trufele.
g) Înmuiați fiecare trufă de aluat de fursecuri congelată în ciocolata topită pentru a o acoperi complet, permițând orice exces să se scurgă.
h) Așezați trufele acoperite înapoi pe tava de copt tapetată cu pergament și lăsați-le la frigider până se întărește ciocolata.
i) Serviți trufele de aluat de prăjituri cu ciocolată, răcite.

35. Mini batoane de lamaie

INGREDIENTE:
- 1 cană de făină universală
- ¼ cană zahăr pudră
- ½ cană unt nesărat, înmuiat
- 2 ouă mari
- 1 cană zahăr granulat
- 2 linguri de făină universală
- ¼ linguriță de praf de copt
- 2 linguri suc de lamaie
- Zest de 1 lămâie
- Zahăr pudră (pentru pudrat)

INSTRUCȚIUNI:

a) Preîncălziți cuptorul la 350°F (175°C).

b) Într-un castron, combinați 1 cană de făină, ¼ de cană de zahăr pudră și untul înmuiat până se sfărâmiciază.

c) Apăsați amestecul în fundul unei tavi de copt de 8 x 8 inci unsă.

d) Coaceți crusta timp de 15-20 de minute sau până când devine ușor auriu.

e) Într-un alt castron, amestecați ouăle, zahărul granulat, 2 linguri de făină, praful de copt, sucul de lămâie și coaja de lămâie până se omogenizează bine.

f) Se toarnă amestecul de lămâie peste crusta coptă.

g) Coaceți încă 20-25 de minute sau până când blatul se întărește și se rumenește ușor.

h) Lăsați mini-batoanele de lămâie să se răcească complet, apoi tăiați-le în pătrate de dimensiuni mici.

i) Pudrați blaturile cu zahăr pudră înainte de servire.

36. Mini frigarui de fructe cu dip de iaurt

INGREDIENTE:
- Fructe asortate (cum ar fi căpșuni, struguri, ananas, pepene galben etc.), tăiate în bucăți mici
- Frigarui de lemn
- 1 cană iaurt vanilie
- Miere (optional)

INSTRUCȚIUNI:
a) Așezați bucățile de fructe asortate pe frigăruile de lemn, alternând între diferite fructe.
b) Aranjați mini frigărui de fructe pe un platou.
c) Într-un castron mic, amestecați iaurtul de vanilie cu un strop de miere (dacă doriți) pentru un plus de dulceață.
d) Servește mini-frigărui de fructe cu dip de iaurt în lateral pentru înmuiere.

37.Mini Sandvișuri Caprese

INGREDIENTE:
- 12 mini chifle glisante sau rulouri
- 12 felii de brânză mozzarella proaspătă
- 2 roșii, feliate
- Frunze de busuioc proaspăt
- Glazură balsamică
- Sare si piper dupa gust

INSTRUCȚIUNI:
a) Tăiați mini chiflele glisante sau rulourile în jumătate pe orizontală.
b) Așezați o felie de brânză mozzarella, o felie de roșie și câteva frunze de busuioc pe jumătatea inferioară a fiecărei chifle.
c) Stropiți cu glazură balsamică și asezonați cu sare și piper.
d) Puneți jumătatea superioară a chiflei pe umpluturi.
e) Asigurați mini sandvișurile cu scobitori, dacă doriți.
f) Serviți și bucurați-vă de aceste sandvișuri Caprese răcoritoare.

38. Mini Sandvișuri cu salată de pui

INGREDIENTE:
- 12 mini cornuri sau chifle mici
- 2 cesti piept de pui fiert, maruntit sau taiat cubulete
- ½ cană maioneză
- 1 lingură muştar de Dijon
- ¼ cană ţelină, tocată mărunt
- 2 cepe verde, feliate subţiri
- Sare si piper dupa gust

INSTRUCŢIUNI:
a) Într-un castron, amestecaţi pieptul de pui mărunţit sau tăiat cubuleţe, maioneza, muştarul de Dijon, ţelina şi ceapa verde până se combină bine.
b) Se condimenteaza cu sare si piper dupa gust.
c) Tăiaţi mini-croasanele sau chiflele în jumătate pe orizontală.
d) Pune o cantitate generoasă de salată de pui pe jumătatea inferioară a fiecărui croissant sau rulou.
e) Puneţi jumătatea superioară a croissantului sau rulaţi pe umplutură.
f) Asiguraţi mini sandvişurile cu scobitori, dacă doriţi.
g) Serviţi şi bucuraţi-vă de aceste sandvişuri aromate cu salată de pui.

39. Mini sandvișuri cu curcan și afine

INGREDIENTE:
- 12 mini chifle sau chifle mici
- 12 felii de piept de curcan
- ½ cană sos de afine
- O mână de pui de spanac sau frunze de rucola
- ¼ cană cremă de brânză
- Sare si piper dupa gust

INSTRUCȚIUNI:
a) Tăiați chiflele sau chiflele în jumătate pe orizontală.
b) Întindeți cremă de brânză pe jumătatea inferioară a fiecărei rulouri.
c) Peste crema de brânză se pune piept de curcan feliat, o lingură de sos de afine și câteva frunze de spanac sau rucola.
d) Se condimenteaza cu sare si piper dupa gust.
e) Puneți jumătatea superioară a ruloului pe umpluturi.
f) Asigurați mini sandvișurile cu scobitori, dacă doriți.

40. Mini șuncă și brânză

INGREDIENTE:
- 12 mini chifle glisante sau rulouri
- 12 felii de sunca
- 12 felii de brânză (cum ar fi cheddar, elvețian sau provolone)
- 2 linguri muștar de Dijon
- 2 linguri maioneza
- 2 linguri de unt, topit
- ½ linguriță de usturoi pudră
- ½ linguriță de semințe de mac (opțional)

INSTRUCȚIUNI:
a) Preîncălziți cuptorul la 350°F (175°C).
b) Tăiați chiflele glisante sau rulourile de cină în jumătate, orizontal.
c) Întindeți muștar de Dijon pe jumătatea inferioară a fiecărei chifle și maioneză pe jumătatea superioară.
d) Pe jumătatea inferioară a fiecărei chifle se adaugă șuncă și brânză feliate.
e) Așezați jumătatea superioară a chiflei pe umplutură pentru a crea sandvișuri.
f) Pune sandvișurile într-o tavă de copt.
g) Într-un castron mic, amestecați untul topit cu pudra de usturoi. Ungeți amestecul peste vârfurile sandvișurilor.
h) Presărați semințele de mac peste sandvișuri, dacă doriți.
i) Acoperiți tava de copt cu folie și coaceți timp de 10-15 minute sau până când brânza se topește și chiflele sunt ușor prăjite.
j) Servește aceste glisoare cu șuncă și brânză calde și cu brânză.

41. Mini sandvișuri Veggie Club

INGREDIENTE:
- 12 mini buzunare de pita sau chifle mici
- ½ cană de hummus
- 12 felii de castravete
- 12 felii de roșii
- 12 felii de avocado
- O mână de salată sau varză
- Sare si piper dupa gust

INSTRUCȚIUNI:
a) Tăiați mini buzunarele de pita sau chiflele în jumătate pe orizontală.
b) Întinde hummus pe jumătatea inferioară a fiecărui buzunar sau rulou.
c) Peste humus se adaugă felii de castraveți, felii de roșii, felii de avocado și salată verde sau varză.
d) Se condimenteaza cu sare si piper dupa gust.
e) Puneți jumătatea superioară a buzunarului sau rulați pe umpluturi.
f) Asigurați mini sandvișurile cu scobitori, dacă doriți.
g) Serviți și bucurați-vă de aceste sandvișuri de club cu legume aromate.

42. Tartine cu sparanghel si feta

INGREDIENTE:
- 20 de felii de pâine albă subțire
- 4 uncii de brânză albastră
- 8 uncii de brânză cremă
- 1 ou
- 20 Spears sparanghel din conserva scurs
- ½ cană unt topit

INSTRUCȚIUNI:
a) Tăiați crustele din pâine și aplatizați-le cu un sucitor.
b) Se amestecă brânzeturile și ouăle până la o consistență realizabilă și se întinde uniform pe fiecare felie de pâine.
c) Pune o suliță de sparanghel pe fiecare felie și rulează-o.
d) Scufundați în unt topit pentru a acoperi bine.
e) Puneți pe o foaie de biscuiți și congelați.
f) Când este bine înghețată, tăiați în bucăți de mărimea unei mușcături.
g) Puneți pe o foaie de biscuiți și coaceți la 400 F timp de 20 de minute.

43. Tartine cu fructe de mare la gratar

INGREDIENTE:
- 1 cană fructe de mare fierte, fulgi
- 6 felii pâine albă
- ¼ cană unt
- ¼ cană Cheddar sau ⅓ cană ketchup sau sos chili
- Brânză americană, rasă

INSTRUCȚIUNI:

a) Pâine prăjită pe o parte; tăiați crusta și tăiați pâinea în jumătate.

b) Unt părți neprăjite; acoperiți cu un strat de fructe de mare, apoi ketchup și acoperiți cu brânză. Puneți tartinele pe o foaie de copt sub broiler.

c) Se prăjesc până când brânza se topește și tartinele sunt încălzite.

44. Tartine de fromage-chevre

INGREDIENTE:
- 10 cartofi roșii mici
- Spray de gatit pentru legume
- ¼ lingurita Sare
- ¼ cană lapte degresat
- 6 uncii Chevre, (brânză ușoară de capră)
- 20 de frunze de andive belgiene
- 10 struguri roșii fără semințe, tăiați la jumătate
- 1 lingura Caviar

INSTRUCȚIUNI:

a) Se fierb cartofii, acoperiți, timp de 13 minute sau până se înmoaie; lasa sa se raceasca.

b) Ungeți ușor cartofii cu spray de gătit și tăiați-i în jumătate. Tăiați și aruncați o felie subțire de pe fundul fiecărei jumătăți de cartof, astfel încât acestea să se ridice.

c) Se presară jumătățile de cartofi cu sare.

d) Combinați laptele și brânza într-un castron; amesteca bine.

e) Turnați amestecul într-o pungă de patiserie prevăzută cu un vârf mare stea; amestecul se pune pe jumătăți de cartofi și pe frunze de andive. Acoperiți fiecare frunză de andive cu o jumătate de strugure. Acoperiți și răciți, dacă doriți.

45. Bilute de pizza

INGREDIENTE:
- ¼ cană (2 uncii) brânză mozzarella proaspătă
- 2 uncii (¼ cană) cremă de brânză
- 1 lingura ulei de masline
- 1 lingurita pasta de rosii
- 6 măsline kalamata mari, fără sâmburi
- 12 frunze proaspete de busuioc

INSTRUCȚIUNI:
a) Într-un robot de bucătărie mic, procesați toate ingredientele, cu excepția busuiocului, până formează o cremă netedă, aproximativ 30 de secunde.
b) Formați amestecul în 6 bile cu ajutorul unei linguri.
c) Așezați 1 frunză de busuioc deasupra și de jos a fiecărei bile și fixați-o cu o scobitoare.
d) Se serveste imediat sau se da la frigider pana la 3 zile.

46. Tartine Rumaki

INGREDIENTE:
- ½ cană apă
- 1 linguriță de supă de pui
- 250 de grame de ficat de pui
- 1 lingură Shoyu
- ½ linguriță praf de ceapă, muștar uscat
- ¼ lingurita de nucsoara
- ¼ cană Sherry uscat
- 1 strop de sos de ardei
- 220 de grame de castane de apă
- 6 Bacon

INSTRUCȚIUNI:

a) Într-o caserolă de 1 litru, combinați apa, bulionul și ficatul. Gatiti la maxim 4-5 minute pana cand nu mai sunt roz. Scurgere.

b) Gatiti baconul pe un prosop de hartie la foc mare timp de 5-6 minute pana devine crocant. Se sfărâmă și se pune deoparte.

c) Puneți ficatul, shoyu, ceapa și muștarul, nucșoara și sherry într-un robot de bucătărie. Se amestecă până la omogenizare. Adăugați puțin sos de piper. Se amestecă castane de apă și slănină.

d) Întindeți gros pe triunghiuri de pâine prăjită sau biscuiți. Se pregateste in avans si se reincalzeste aranjand pe o farfurie tapetata cu hartie. Folosiți putere medie-mare timp de 1-2 minute până când se încălzește.

e) Se ornează cu o felie de măsline sau piment.

47. Tartine cu mousse de somon

INGREDIENTE:
- 7½ uncie somon roșu conservat, scurs
- 2 uncii de somon afumat, tăiat în bucăți de 1 inch
- ¼ linguriță coajă de lămâie rasă
- 3 linguri de maioneza fara grasime
- 1 lingura suc proaspat de lamaie
- ¼ cană ardei gras roșu tocat
- 2 linguri ceapa verde tocata
- 1 lingura patrunjel proaspat tocat
- 1 strop de piper proaspăt măcinat
- 8 felii de pâine pumpernickel în stil petrecere
- 8 felii de pâine de secară în stil petrecere
- 4 biscuiți de pâine crocantă de secară, rupte în jumătate
- ½ cană de varză de lucernă

INSTRUCȚIUNI:

a) Aruncați pielea și oasele de la somonul conservat; fulgi de somon cu o furculiță.

b) Poziționați lama cuțitului în bolul robotului de bucătărie; adăugați somon, somon afumat și următoarele 3 ingrediente. Procesați până la omogenizare.

c) Se toarnă într-un bol; se amestecă ardeiul gras și următoarele 3 ingrediente.

d) Acoperiți și răciți.

48. Mușcături de burrito

INGREDIENTE:
- 1 cutie de roșii tăiate cubulețe
- 1 cană de orez instant
- ⅓ cană apă
- 1 ardei verde, taiat cubulete
- 2 cepe verzi, feliate
- 2 căni de brânză cheddar măruntțită, împărțită
- 1 cutie de fasole prăjită în stil ranch (16 oz)
- 10 tortilla de făină (6-7")
- 1 cană Salsa

INSTRUCȚIUNI:
a) Preîncălziți cuptorul la 350'F. Pulverizați o tavă de copt de 9x12" cu PAM; lăsați deoparte.
b) Într-o cratiță medie, combinați orezul și apa; se încălzește până la fierbere.
c) Reduceți căldura, acoperiți și fierbeți timp de 1 minut. Luați de pe foc și lăsați să stea timp de 5 minute sau până când tot lichidul este absorbit. Se amestecă ardeiul, ceapa și 1 cană de brânză.
d) Răspândiți aproximativ 3 linguri de fasole peste fiecare tortilla până la ⅛" de la margine. Amestecul de orez se întinde peste fasole; rulați. Puneți cu cusătura în jos în vasul de copt pregătit; acoperiți cu folie.
e) Coaceți în cuptorul preîncălzit timp de 25 de minute sau până când este fierbinte. Tăiați tortilla în 4 bucăți și puneți-le pe un platou. Acoperiți cu salsa și brânză. Acoperiți cu salsa și brânză. Reveniți la cuptor și coaceți timp de 5 minute sau până când brânza se topește.

49. Mușcături de nuci de pui

INGREDIENTE:

- 1 cană supă de pui
- ½ cană de unt
- 1 cană de făină
- 1 lingura de patrunjel
- 2 lingurițe sare condimentată
- 2 lingurițe de sos Worcestershire
- 34 lingurițe de semințe de țelină
- ½ linguriță Boia
- ⅛ linguriță Cayenne
- 4 ouă mari
- 2 piept de pui, braconat, decojit
- ¼ cană migdale prăjite

INSTRUCȚIUNI:

a) Preîncălziți cuptorul la 400 de grade. Într-o tigaie groasă, amestecați bulionul și untul și aduceți la fierbere. Se amestecă făina și se condimentează.

b) Gatiti, amestecand rapid, pana cand amestecul iese de pe marginile tigaii si formeaza o bila fina, compacta. Se ia de pe foc. Adaugam ouale pe rand, batand bine pana cand amestecul devine lucios. Se amestecă puiul și migdalele.

c) Puneți cu lingurițe rotunjite pe foi de copt unse. Coaceți timp de 15 minute. Congelați după coacere.

50.Degete de pui Bivoli

INGREDIENTE:
- 2 cani de faina de migdale
- 1 lingurita sare
- 1 lingurita piper negru
- 1 lingurita patrunjel uscat
- 2 ouă mari
- 2 linguri de lapte de cocos plin de grăsime
- 2 kilograme de pui de pui
- 1½ cani de sos de bivoli roșu de Frank

INSTRUCȚIUNI:
a) Preîncălziți cuptorul la 350°F.
b) Combinați făina de migdale, sarea, piperul și pătrunjelul într-un castron mediu și lăsați deoparte.
c) Bateți ouăle și laptele de cocos într-un castron mediu separat.
d) Înmuiați fiecare pui fraged în amestecul de ouă și apoi acoperiți complet cu amestecul de făină de migdale. Aranjați preparatele acoperite într-un singur strat pe o tavă de copt.
e) Coaceți timp de 30 de minute, răsturnând o dată în timpul gătirii. Scoateți din cuptor și lăsați să se răcească timp de 5 minute.
f) Puneți mâncărurile de pui într-un castron mare și adăugați sos de bivoliță. Aruncă pentru a acoperi complet.

51.Briose din friptură

INGREDIENTE:
- 1 kg carne de vită tocată
- 1 cană spanac tocat
- 1 ou mare, bătut ușor
- ½ cană de brânză mozzarella mărunțită
- ¼ cană parmezan ras
- ¼ cană ceapă galbenă tocată
- 2 linguri de ardei jalapeño fără semințe și tocat

INSTRUCȚIUNI:
a) Preîncălziți cuptorul la 350°F. Ungeți ușor fiecare godeu dintr-o formă de brioșe.
b) Combinați toate ingredientele într-un bol mare și amestecați cu mâinile.
c) Puneți o porție egală din amestecul de carne în fiecare formă de brioșe și apăsați ușor. Coaceți timp de 45 de minute sau până când temperatura internă atinge 165°F.

52.Mușcături de bacon avocado

INGREDIENTE:
- 2 avocado mari, decojite și fără sâmburi
- 8 felii de bacon fara zahar adaugat
- ½ linguriță de sare de usturoi

INSTRUCȚIUNI:

a) Preîncălziți cuptorul la 425°F. Tapetați o foaie de biscuiți cu hârtie de copt.

b) Tăiați fiecare avocado în 8 felii de dimensiuni egale, făcând în total 16 felii.

c) Tăiați fiecare bucată de slănină în jumătate. Înfășurați o jumătate de felie de slănină în jurul fiecărei bucăți de avocado. Se presară cu sare de usturoi.

d) Pune avocado pe o tavă de prăjituri și coace timp de 15 minute. Puneți cuptorul la grătar și continuați să gătiți încă 2-3 minute până când baconul devine crocant.

53.Mușcături de pizza

INGREDIENTE:
- 24 de felii de pepperoni fără zahăr
- ½ cană sos marinara
- ½ cană de brânză mozzarella mărunțită

INSTRUCȚIUNI:
a) Porniți grătarul cuptorului.
b) Tapetați o foaie de copt cu hârtie de copt și întindeți felii de pepperoni într-un singur strat.
c) Pune 1 lingurita de sos marinara pe fiecare felie de pepperoni si intinde-o cu o lingura. Adăugați 1 linguriță de brânză mozzarella peste marinara.
d) Introduceți foaia de copt la cuptor și coaceți timp de 3 minute sau până când brânza se topește și se rumenește ușor.
e) Scoateți din foaia de copt și transferați-le pe o foaie de copt tapetată cu un prosop de hârtie pentru a absorbi excesul de grăsime.

54.Cești de Mac și brânză

INGREDIENTE:
- 8 uncii de macaroane pentru cot
- 2 linguri de unt sarat
- ¼ lingurita boia de ardei (folositi boia de ardei afumata daca aveti)
- 2 linguri de faina
- ½ cană lapte integral
- 8 uncii de brânză cheddar ascuțită, rasă
- arpagic tocat sau ceai verde pentru ornat
- unt pentru unge tava

INSTRUCȚIUNI:
a) Unge foarte bine o tava antiaderenta: mini briose cu unt sau antiaderent: spray de gatit. Preîncălziți cuptorul la 400 de grade F.
b) Aduceți o oală cu apă cu sare la fiert la foc mare, apoi fierbeți pastele cu 2 minute mai puțin decât scrie pe pachet.
c) Topiți untul și adăugați boia de ardei. Adăugați făina și amestecați amestecul timp de 2 minute. În timp ce amestecați, adăugați laptele.
d) Luați oala de pe foc și adăugați brânza și pastele scurse, amestecând totul până când brânza și sosul sunt bine distribuite.
e) Porționați macaronul cu brânză în cupele pentru brioșe, fie cu o lingură, fie cu o lingură de 3 linguri.
f) Coaceți paharele de macaroni cu brânză timp de 15 minute, până când clocotesc și devin lipici.

55. Mușcături de șuncă și ceai verde

INGREDIENTE:
- ⅓ cană făină de migdale
- 1 lingura unt nesarat, topit
- 1 pachet (8 uncii) de cremă de brânză, înmuiată
- 1 lingura unsoare de bacon
- 1 ou mare
- 4 felii de slănină fără zahăr, gătite, răcite și mărunțite
- 1 ceapă verde mare, numai blaturi, feliată subțire
- 1 catel de usturoi, tocat
- ⅛ lingurita piper negru

INSTRUCȚIUNI:
a) Preîncălziți cuptorul la 325°F.
b) Într-un castron mic, combinați făina de migdale și untul.
c) Tapetați 6 căni dintr-o formă de brioșe de dimensiune standard cu căptușeală de cupcake. În mod egal, împărțiți amestecul de făină de migdale în căni și apăsați ușor în fund cu dosul unei lingurițe. Se coace la cuptor pentru 10 minute, apoi se scoate.
d) În timp ce crusta se coace, combinați bine crema de brânză și grăsimea de slănină într-un castron mediu cu un mixer manual. Adăugați oul și amestecați până se omogenizează.
e) Îndoiți slănina, ceapa, usturoiul și ardeiul în amestecul de brânză cremă cu o spatulă.
f) Împărțiți amestecul în cești, întoarceți-l la cuptor și coaceți încă 30-35 de minute până când brânza se întărește. Marginile pot fi ușor rumenite. Pentru a testa starea de gătit, introduceți o scobitoare în centru. Daca iese curat, cheesecake este gata.
g) Se lasa la racit 5 minute si se serveste.

56.Mușcături de pui învelite în slănină

INGREDIENTE:
- ¾ piept de pui dezosat și fără piele, tăiat în cuburi de 1".
- ½ lingurita sare
- ½ lingurita piper negru
- 5 felii de bacon fara zahar adaugat

INSTRUCȚIUNI:
a) Preîncălziți cuptorul la 375°F.
b) Se amestecă puiul cu sare și piper.
c) Taiati fiecare felie de bacon in 3 bucati si inveliti fiecare bucata de pui intr-o bucata de bacon. Asigurați cu o scobitoare.
d) Pune puiul înfășurat pe un grătar și coace 30 de minute, răsturnând la jumătatea gătitului. Puneți cuptorul la grătar și coaceți timp de 3-4 minute sau până când slănina devine crocantă.

57.Mușcături de conopidă de bivoliță

INGREDIENTE:
- 1 cană făină de migdale
- 1 lingurita usturoi granulat
- ½ lingurita patrunjel uscat
- ½ lingurita sare
- 1 ou mare
- 1 conopidă cu cap mare, tăiată în buchețe de mărimea unei mușcături
- ½ cană sos roșu
- ¼ cană ghee

INSTRUCȚIUNI:
a) Preîncălziți cuptorul la 400°F. Tapetați o foaie de copt cu hârtie de copt.
b) Combinați făina de migdale, usturoiul, pătrunjelul și sarea într-o pungă mare de plastic sigilabilă și agitați pentru a se amesteca.
c) Bateți oul într-un castron mare. Adăugați conopida și amestecați pentru a se acoperi complet.
d) Transferați conopida într-o pungă umpluta cu amestec de făină de migdale și amestecați-o.
e) Aranjați conopida într-un singur strat pe o foaie de copt și coaceți timp de 30 de minute sau până când se înmoaie și se rumenește ușor.
f) În timp ce conopida se coace, combinați sosul iute și ghee într-o cratiță mică la foc mic.
g) Când conopida este gătită, combinați conopida cu amestecul de sos iute într-un castron mare și amestecați pentru a se acoperi.

58. Bilute de bacon jalapeño

INGREDIENTE:

- 5 felii de bacon fara zahar adaugat, fierte, grasime rezervata
- ¼ceașcă plus 2 linguri (3 uncii) cremă de brânză
- 2 linguri de grasime de bacon rezervata
- 1 linguriță de ardei jalapeño fără semințe și tocat mărunt
- 1 lingura coriandru tocat marunt

INSTRUCȚIUNI:

a) Pe o masă de tăiat, tăiați slănina în firimituri mici.
b) Într-un castron mic, combinați crema de brânză, grăsimea de bacon, jalapeño și coriandru; se amesteca bine cu o furculita.
c) Formați amestecul în 6 bile.
d) Puneți slănină pe o farfurie medie și rulați bilele individuale pentru a se acoperi uniform.
e) Se serveste imediat sau se da la frigider pana la 3 zile.

59. Biluțe de prosciutto cu avocado

INGREDIENTE:
- ½ cană nuci de macadamia
- ½ avocado mare decojit și fără sâmburi (aproximativ 4 uncii pulpă)
- 1 uncie prosciutto gătit, mărunțit
- ¼ lingurita piper negru

INSTRUCȚIUNI:
a) Într-un robot de bucătărie mic, presează nucile de macadamia până se sfărâmă uniform. Împărțiți în jumătate.
b) Într-un castron mic, combinați avocado, jumătate din nucile de macadamia, prăjiturile de prosciutto și piperul și amestecați bine cu o furculiță.
c) Formați amestecul în 6 bile.
d) Puneți restul de nuci de macadamia mărunțite pe o farfurie medie și rulați bilele individuale pentru a se acoperi uniform.
e) Serviți imediat.

60.Biluțe de clătite de arțar cu bacon

INGREDIENTE:

- 5 felii de bacon fara zahar adaugat, fierte
- 4 uncii (½ cană) cremă de brânză
- ½ lingurita aroma de artar
- ¼ lingurita sare
- 3 linguri nuci pecan zdrobite

INSTRUCȚIUNI:

a) Pe o masă de tăiat, tăiați slănina în firimituri mici.
b) Într-un castron mic, combinați crema de brânză și crumbles de bacon cu aroma de arțar și sare; se amesteca bine cu o furculita.
c) Formați amestecul în 6 bile.
d) Puneți nucile pecan zdrobite pe o farfurie medie și rulați bilele individuale pentru a se acoperi uniform.
e) Se serveste imediat sau se da la frigider pana la 3 zile.

61.Mușcături de ceapă braziliană

INGREDIENTE:
- 1 ceapa mica taiata pe lungime
- 6 linguri de maioneza
- Sare si piper
- 6 felii de pâine, coaja îndepărtată
- 3 linguri de parmezan, ras

INSTRUCȚIUNI:
a) Preîncălziți cuptorul la 350. Amestecați ceapa cu 5 linguri de maioneză și sare și piper după gust. Pus deoparte. Întindeți pe o parte 3 felii de pâine cu maioneza rămasă. Tăiați-le în sferturi.
b) Tăiați restul de 3 felii de pâine în sferturi și întindeți fiecare pătrat uniform cu amestecul de ceapă. Acoperiți cu pătratele de pâine rezervate, cu maioneza în sus. Așezați-le pe o foaie de copt și presărați blaturile generos cu parmezan.
c) Coaceți până devin ușor aurii și ușor umflați, aproximativ 15 minute. Serviți imediat.

62. Biluțe de măsline și feta

INGREDIENTE:
- 2 uncii (¼ cană) cremă de brânză
- ¼ cană (2 uncii) brânză feta
- 12 măsline kalamata mari, fără sâmburi
- ⅛ linguriță de cimbru proaspăt tocat mărunt
- ⅛ linguriță coaja proaspătă de lămâie

INSTRUCȚIUNI:
a) Într-un robot de bucătărie mic, procesați toate ingredientele până formează un aluat grosier, aproximativ 30 de secunde.
b) Răzuiți amestecul și transferați-l într-un castron mic, apoi dați la frigider timp de 2 ore.
c) Formați 6 bile cu ajutorul unei linguri.
d) Se serveste imediat sau se da la frigider pana la 3 zile.

63. Biluțe de ton cu curry

INGREDIENTE:
- ¼ de cană plus 2 linguri (3 uncii) de ton în ulei, scurs
- 2 uncii (¼ cană) cremă de brânză
- ¼ linguriță de pudră de curry, împărțit
- 2 linguri nuci de macadamia maruntite

INSTRUCȚIUNI:
a) Într-un robot de bucătărie mic, procesați tonul, cremă de brânză și jumătate din praful de curry până formează o cremă netedă, aproximativ 30 de secunde.
b) Formați amestecul în 6 bile.
c) Puneți nucile de macadamia mărunțite și restul de praf de curry pe o farfurie medie și rulați bilele individuale pentru a se acoperi uniform.

64.Biluțe de porc

INGREDIENTE:

- 8 felii de bacon fara zahar adaugat
- 8 uncii Braunschweiger la temperatura camerei
- ¼ cană fistic tocat
- 6 uncii (¾ cană) cremă de brânză, înmuiată la temperatura camerei
- 1 lingurita mustar de Dijon

INSTRUCȚIUNI:

a) Gatiti baconul intr-o tigaie medie la foc mediu pana devine crocant, 5 minute pe fiecare parte. Scurgeți pe prosoape de hârtie și lăsați să se răcească. Odată ce s-a răcit, se fărâmițează în bucăți de mărimea unui biți de slănină.

b) Puneți Braunschweiger cu fistic într-un robot de bucătărie mic și amestecați până când se combină.

c) Într-un castron mic, folosește un blender de mână pentru a bate cremă de brânză și muștar Dijon până se combină și devine pufos.

d) Împărțiți amestecul de carne în 12 porții egale. Se rulează în bile și se acoperă cu un strat subțire de amestec de brânză cremă.

e) Răciți timp de cel puțin 1 oră. Când este gata de servire, puneți bucățile de bacon pe o farfurie medie, rulați bilele pentru a se acoperi uniform și bucurati-vă.

65.Caramel sărat și bile brie

INGREDIENTE:
- ½ cană (4 uncii) Brie tocat grosier
- ¼ cană nuci de macadamia sărate
- ½ lingurita aroma de caramel

INSTRUCȚIUNI:

a) Într-un robot de bucătărie mic, procesați toate ingredientele până formează un aluat grosier, aproximativ 30 de secunde.
b) Formați amestecul în 6 bile cu ajutorul unei linguri.
c) Se serveste imediat sau se da la frigider pana la 3 zile.

66.Chiftele pentru cocktail

INGREDIENTE:
- ¼ cană brânză de vaci fără grăsimi
- 2 albușuri
- 2 lingurițe sos Worcestershire
- ½ cană Plus 2 linguri de pesmet simplu
- 8 uncii de piept de curcan macinat
- 6 uncii de cârnați de curcan; scos din carcase
- 2 linguri ceapa tocata
- 2 linguri ardei verzi tocati
- ½ cană pătrunjel proaspăt tăiat și frunze de țelină

INSTRUCȚIUNI:
a) Pulverizați o foaie de biscuiți cu spray anti-aderent și puneți deoparte.
b) Într-un castron mare, amestecați brânza de vaci, albușurile de ou, sosul Worcestershire și ½ cană de pesmet. Se amestecă pieptul de curcan, cârnații de curcan, ceapa și ardeiul verde.
c) Modelați amestecul de pasăre în 32 de chiftele. Pe o foaie de hârtie ceară, combinați pătrunjelul, frunzele de țelină și restul de 2 linguri de pesmet. Rulați chiftelele în amestecul de pătrunjel până când sunt acoperite uniform.
d) Transferați chiftelele în foaia de biscuiți pregătită. Prăjiți la 3 până la 4 inci de căldură timp de 10 până la 12 minute.

67. Măsline Verzi și Negre Marinate

Produce: 8 până la 10

INGREDIENTE:
- 1 cană măsline verzi curate cu saramură, cu sâmburi
- 1 cană măsline negre curate cu saramură, cu sâmburi
- ¾ cană ulei de măsline extravirgin
- 1 șalotă, tocată
- 2 lingurite coaja rasa de lamaie
- 2 lingurițe de cimbru proaspăt tocat
- 2 lingurițe de oregano proaspăt tocat
- 1 cățel de usturoi, tocat
- ½ linguriță fulgi de ardei roșu
- ½ linguriță sare de masă

INSTRUCȚIUNI:
a) Într-un castron mare, combinați măslinele verzi și negre.
b) Într-un castron separat, amestecați uleiul de măsline extravirgin, eșapa tocată, coaja de lămâie rasă, cimbru tocat, oregano tocat, usturoi tocat, fulgi de ardei roșu și sare de masă. Amestecați bine pentru a crea marinada.
c) Se toarnă marinada peste măsline în vasul mare.
d) Aruncați măslinele în marinadă până când sunt bine acoperite.
e) Acoperiți vasul cu folie de plastic și lăsați-l la frigider pentru cel puțin 4 ore sau peste noapte pentru a permite aromelor să se topească.
f) Înainte de servire, lăsați măslinele să ajungă la temperatura camerei, ceea ce le va spori aromele.
g) Serviți măslinele verzi și negre marinate ca aperitiv sau garnitură. Se potrivesc bine cu pâinea crustă sau ca parte a unui platou de mezeluri.

68. Paiele de brânză de Sud

Produce: aproximativ 48 de paie de brânză

INGREDIENTE:

- 8 uncii de brânză cheddar foarte tăioasă, mărunțită (2 căni)
- 1½ cani (7½ uncii) de făină universală
- 8 linguri de unt nesarat, taiat in 8 bucati si racit
- ¾ linguriță sare de masă
- ¾ lingurita boia
- ½ linguriță de praf de copt
- ¼ lingurita de piper cayenne
- 3 linguri de apă cu gheață

INSTRUCȚIUNI:

a) Într-un robot de bucătărie, combinați brânza cheddar mărunțită, făina universală, untul răcit, sarea de masă, boia de ardei, praful de copt și ardeiul cayenne. Pulsați amestecul până când seamănă cu firimituri grosiere.
b) În timp ce pulsați, adăugați treptat apă cu gheață la amestec până când aluatul începe să se îmbine. Aveți grijă să nu supraprocesați; vrei ca aluatul să se țină împreună.
c) Întoarceți aluatul pe o suprafață curată și frământați-l de câteva ori pentru a vă asigura că este bine combinat.
d) Împărțiți aluatul în jumătate și modelați fiecare jumătate într-un dreptunghi. Înfășurați-le în folie de plastic și lăsați-le la frigider pentru cel puțin 30 de minute.
e) Preîncălziți cuptorul la 350 ° F (175 ° C) și tapetați două foi de copt cu hârtie de copt.
f) Întindeți unul dintre dreptunghiurile de aluat răcit pe o suprafață ușor făinată până când are o grosime de aproximativ 1/8 inch.
g) Folosiți un cuțit sau o roată de patiserie canelată pentru a tăia aluatul în fâșii subțiri, de aproximativ 4-6 inci lungime.
h) Transferați cu atenție fâșiile pe foile de copt pregătite, distanțandu-le la aproximativ 1 inch unul de celălalt.
i) Repetați procesul de rulare și tăiere cu al doilea dreptunghi de aluat.
j) Coaceți paiele de brânză în cuptorul preîncălzit pentru aproximativ 12-15 minute sau până devin aurii și crocante.
k) Lăsați paiele de brânză să se răcească pe un grătar înainte de servire.

69. Floricele unse cu unt

Face 14 cani

INGREDIENTE:
- 3 linguri ulei vegetal
- ½ cană boabe de floricele de porumb
- 2 linguri de unt nesarat, topit
- ¼ linguriță sare de masă

INGREDIENTE:

a) Încinge uleiul și 3 boabe de floricele de porumb într-o cratiță mare, la foc mediu-mare, până când boabele apar. Scoateți tigaia de pe foc, adăugați sâmburii rămase, acoperiți și lăsați să stea timp de 30 de secunde.

b) Puneti cratita la foc mediu-mare. Continuați să gătiți cu capacul ușor întredeschis până când pocnirea încetinește la aproximativ 2 secunde între popii. Transferați floricelele de porumb într-un castron mare. Adăugați untul topit și amestecați pentru a acoperi floricele de porumb. Adăugați sare și amestecați pentru a se combina. Servi.

70.Frigarui Caprese

Face: 8 până la 10 (realizează 30 de frigărui)

INGREDIENTE:
- ¼ cană ulei de măsline extravirgin
- 1 cățel de usturoi, tocat până la pastă
- 10 uncii de roșii struguri, tăiate la jumătate
- 8 uncii bile proaspete de brânză mozzarella pentru copii (bocconcini)
- 1 cană frunze de busuioc proaspăt
- Linie de sfârșit
- Acoperiți platoul cu folie de plastic până când este gata de servire.

INGREDIENTE:
a) Se amestecă uleiul și usturoiul într-un castron mic. Într-un castron separat, amestecați roșiile și mozzarella cu 2 linguri de ulei de usturoi și asezonați cu sare și piper.
b) Frigarui rosiile, mozzarella si frunzele de busuioc in urmatoarea ordine de sus in jos: jumatatea de rosii, frunza de busuioc (pliata daca este mare), bila de mozzarella si jumatatea de rosii cu partea plata in jos.
c) Așezați frigăruile în poziție verticală pe platoul de servire, stropiți cu uleiul de usturoi rămas și asezonați cu sare și piper. Servi.

71. Măsline All'Ascolana

Face: 8 până la 10 (face 40 de măsline)

INGREDIENTE:
- 2 linguri plus 3 cani de ulei de masline extravirgin, impartite
- 1 morcov, tocat
- 1 șalotă, tocată
- ⅛ linguriță sare de masă
- ⅛ linguriță de piper
- 4 uncii carne de porc măcinată
- 1 uncie prosciutto, tocat
- ⅛ linguriță de nucșoară măcinată
- ¼ cană vin alb sec
- ¼ cană parmezan ras
- 1 galbenus de ou mare, plus 2 oua mari, impartite
- ¼ linguriță coaja de lămâie rasă
- 45 de măsline verzi mari, curate cu saramură, cu sâmburi
- 1½ cani de pesmet panko
- 1 cană (5 uncii) de făină universală

INSTRUCȚIUNI:
a) Încinge 2 linguri de ulei într-o tigaie de 12 inchi la foc mediu până când strălucește.
b) Adăugați morcovul, eșapa, sare și piper și gătiți până se înmoaie și se rumenesc ușor, 3 până la 5 minute. Adăugați carnea de porc și gătiți, rupând carnea cu o lingură de lemn, până se rumenește, aproximativ 4 minute.
c) Se amestecă prosciutto și nucșoară și se gătesc până se parfumează, aproximativ 30 de secunde. Se amestecă vinul și se fierbe până aproape se evaporă, aproximativ 1 minut.
d) Procesați amestecul de carne de porc în robotul de bucătărie până când este omogen, aproximativ 2 minute, răzuind părțile laterale ale bolului după cum este necesar. Adăugați parmezan, gălbenuș de ou și coaja de lămâie și pulsul pentru a se combina, aproximativ 5 impulsuri. Transferați umplutura în bol și lăsați să se răcească puțin.
e) Lucrând cu câte 1 măsline la un moment dat, folosiți un cuțit pentru a tăia pe lungime pe o parte a sâmburelui (nu tăiați prin măsline). Continuați să tăiați în jurul sâmbeilor până când se eliberează, rotind măslinele după cum este necesar și păstrând cât mai multă măsline intacte.

f) Puneți câte o linguriță de umplutură în fiecare măsline (măslinele ar trebui să fie pline, dar să nu debordeze), apoi închideți părțile din jurul umpluturii, strângând ușor pentru a sigila.

g) Tapetați tava de copt cu marginea cu un strat triplu de prosoape de hârtie. Procesați panko într-un robot de bucătărie curat până la firimituri fine, aproximativ 20 de secunde; transferați într-o farfurie puțin adâncă. Răspândiți făină în al doilea vas de mică adâncime. Bateți ouăle în al treilea vas de mică adâncime. Lucrând cu mai multe măsline în același timp, dragați în făină, scufundați în ou și acoperiți cu panko, apăsând ferm pentru a adera. Transferați pe o farfurie mare și lăsați să stea timp de 5 minute.

h) Încălzește restul de 3 căni de ulei în cuptorul olandez la foc mediu-mare la 375 de grade. Adăugați jumătate de măsline și gătiți, amestecând din când în când pentru a nu se lipi, până când devin maro auriu și crocanți, aproximativ 2 minute.

i) Folosind un skimmer de sârmă sau o lingură cu fantă, transferați măslinele pe foaia pregătită și lăsați să se scurgă. Reveniți uleiul la 375 de grade și repetați cu măslinele rămase. Serviți cald.

72.Murături prăjite

Face: 6 până la 8 (face 16 murături)

INGREDIENTE:
- ½ cană făină de porumb
- 4 murături întregi de mărar cușer, tăiate în sferturi pe lungime, uscate cu prosoape de hârtie
- 1 cană (5 uncii) de făină universală
- 1 cană (4 uncii) amidon de porumb
- 2 lingurite praf de copt
- 1 lingurita sare de masa
- ½ lingurita piper cayenne
- 1 sticlă de bere rece (12 uncii).
- 3 litri de ulei vegetal pentru prăjit

INSTRUCȚIUNI:

a) Puneți făina de porumb într-un vas puțin adânc. Dragați sulițele de murături în făină de porumb și transferați-le pe farfurie. Combinați făina, amidonul de porumb, praful de copt, sarea și cayenne într-un castron mare. Bateți încet berea până la omogenizare.

b) Încinge uleiul într-un cuptor olandez mare la foc mediu-mare până la 350 de grade. Bate din nou aluatul.

c) Transferați jumătate din murături în aluat. Pe rând, scoateți murăturile din aluat (lăsând excesul să picure înapoi în bol) și prăjiți în ulei încins până se rumenesc, 2 până la 3 minute. Scurgeți murăturile pe un grătar așezat în tava de copt cu ramă.

d) Aduceți uleiul înapoi la 350 de grade și repetați cu murăturile rămase. Servi.

73. Tofu marinat refrigerat

Produce: 4 până la 6

INGREDIENTE:
- 14 uncii de tofu ferm, tăiat la jumătate pe lungime, apoi tăiat transversal în pătrate de ½ inch grosime
- 2 căni de apă clocotită
- ¼ cană sos de pește
- ¼ cană mirin
- 4 lingurite de zahar
- ¼ uncie wakame
- ¼ uncie kombu
- 4 lingurite otet de orez
- 2 foi (8 x 7½ inchi) nori prăjit, mărunțit
- 2 cepți, feliați subțiri pe parțial
- Ulei de susan prajit

INSTRUCȚIUNI:
a) Întindeți tofu peste o foaie de copt căptușită cu un prosop de hârtie, lăsați să se scurgă timp de 20 de minute, apoi uscați ușor cu prosoape de hârtie și asezonați cu sare și piper.
b) Între timp, combinați apa clocotită, sosul de pește, mirinul, zahărul, wakame și kombu într-un castron mic. Acoperiți și lăsați să stea 15 minute. Strecurați lichidul printr-o sită cu plasă fină, aruncând solidele, apoi întoarceți bulionul într-un vas mediu.
c) Adăugați tofu și oțet; acoperi; si se da la rece pana se raceste, cel putin 2 ore. Pentru a servi, folosiți o lingură cu fantă pentru a transfera tofu pe platou, acoperiți cu nori și ceai verde și stropiți cu ulei de susan după gust.

74. Smochine învelite în prosciutto cu gorgonzola

Face: 8 până la 10 (face 32 de jumătăți de smochine)

INGREDIENTE:
- 2 uncii de brânză Gorgonzola
- 16 smochine proaspete, cu tulpină și tăiate în jumătate pe lungime
- 1 lingura miere
- 16 felii subțiri de prosciutto (8 uncii), tăiate în jumătate pe lungime

INSTRUCȚIUNI:
a) Puneți 1 linguriță de Gorgonzola în centrul fiecărei jumătăți de smochine. Puneți mierea cu microunde într-un castron pentru a se slăbi, aproximativ 10 secunde, apoi turnați peste brânză.
b) Înfășurați bine prosciutto în jurul smochinelor, lăsând capetele de smochine descoperite.
c) Asigurați prosciutto cu o scobitoare și serviți.

75. Jalapeño Poppers

Produce: 8 până la 10

INGREDIENTE:
- 8 uncii cremă de brânză, înmuiată
- 2 uncii de brânză cheddar, mărunțită (½ cană)
- 2 uncii șuncă delicată, tocată
- 2 ceai, tocati
- 1 lingura suc de lamaie
- 1 lingurita pudra de chili
- ½ linguriță sare de masă
- 12 ardei iute jalapeño, tăiați la jumătate și fără semințe

INSTRUCȚIUNI:
a) Reglați grătarul cuptorului în poziția de mijloc și încălziți cuptorul la 350 de grade. Tapetați tava de copt cu marginea de hârtie de copt.
b) Combinați crema de brânză, cheddar, șuncă, ceai verde, sucul de lămâie, pudra de chili și sare într-un castron.
c) Puneți amestecul de cremă de brânză în jumătăți de jalapeño și aranjați-l pe tava de copt pregătită.
d) Coaceți până când brânza este fierbinte, aproximativ 20 de minute. Serviți cald.

76.Porci în pături

Produce: 8 până la 10 (realizează 32 de bucăți)

INGREDIENTE:
PORCI
- 1 foaie (9½ pe 9 inchi) de aluat foietaj, dezghețat
- 1 ou mare, batut cu 1 lingura de apa
- 32 de cocteil frank, uscate
- ¼ cană parmezan ras
- 2 lingurițe condiment Everything Bagel (această pagină)
- ½ lingurita piper

SOS DE MUSTAR
- ⅓ cană de muștar galben
- 2 linguri otet de cidru
- 2 linguri de zahăr brun la pachet
- 1 lingura ketchup
- ½ linguriță sos Worcestershire
- ½ lingurita sos iute
- ¼ lingurita de piper

INSTRUCȚIUNI:
a) Pentru porci Ajustați grătarul cuptorului în poziția de mijloc și încălziți cuptorul la 400 de grade. Tapetați tava de copt cu marginea de hârtie de copt. Desfaceți aluatul foietaj pe blatul ușor înfăinat și rulați în dreptunghi de 12 pe 9 inci, cu latura scurtă paralelă cu marginea blatului, făinând partea superioară a aluatului după cum este necesar pentru a preveni lipirea.
b) Folosind roata de pizza sau cuțitul bucătarului, tăiați aluatul la 12 pe 8 inch dreptunghi. Tăiați aluatul pe lungime în opt fâșii de 1 inch. Tăiați aluatul în cruce la trei intervale de 3 inci. (Ar trebui să aveți treizeci și două de benzi de aluat de 3 pe 1 inch.)
c) Ungeți ușor 1 rand de benzi de aluat cu spălat de ouă. Rulați 1 franc în fiecare fâșie de aluat și transferați mănunchiul, cu cusătura în jos, pe foaia pregătită. Repetați cu fâșiile de aluat rămase și franks, distanțand mănunchiurile la ½ inch unul de celălalt.
d) Combinați parmezanul, condimentele pentru covrigi și piperul într-un castron. Lucrând cu câteva mănunchiuri o dată, ungeți blaturile cu spălat de ouă și stropiți cu amestec de parmezan. Coaceți până când aluatul devine maro auriu, aproximativ 23 de minute.

e) Pentru sosul de muștar Între timp, amestecați toate ingredientele într-un castron.
f) Lăsați porcii să se răcească pe foaie timp de 10 minute. Se serveste cu sos de mustar.

77. Pakoras

Face: 4 până la 6 (face 15 pakoras)

INGREDIENTE:
- 1 cartof ruginiu mare, decojit și mărunțit (1½ cani/6½ uncii)
- 1 ceapă roșie mare, tăiată în jumătate și feliată subțire (1½ cani/5 uncii)
- 1 cană baby spanac, tocat
- 1 ardei iute serrano, cu tulpină și tocat
- 1 lingurita chimen macinat
- 1 lingurita coriandru macinat
- 1 lingurita ajwain
- ½ linguriță sare de masă
- ½ linguriță pudră de chile Kashmir
- ¼ de linguriță schinduf măcinat
- ¾ cană fasole
- 1 lingurita praf de copt
- ½ linguriță de turmeric măcinat
- ¼ cană apă
- 2 litri de ulei vegetal pentru prăjit

INSTRUCȚIUNI:
a) Într-un castron mare, combinați cartofi, ceapa, spanacul, serrano, chimen, coriandru, ajwain, sare, pudră de chile și schinduf. Aruncați legumele până când sunt acoperite cu condimente. Cu ajutorul mâinilor, stoarceți amestecul până când legumele se înmoaie și eliberează puțin lichid, aproximativ 45 de secunde (nu se scurge).

b) Într-un castron mic, amestecați besanul, praful de copt și turmeric. Se presară peste amestecul de legume și se amestecă până când besanul nu mai este vizibil și amestecul formează o masă lipicioasă. Adăugați apă și amestecați energic până când apa este bine încorporată.

c) Ajustați grătarul cuptorului în poziția de mijloc și încălziți cuptorul la 200 de grade. Puneți un grătar în tava de copt cu ramă. Adăugați ulei în cuptorul olandez mare până când măsoară aproximativ 1 ½ inch adâncime și încălziți la foc mediu-mic la 375 de grade.

d) Transferați o lingură plină de aluat în ulei, folosind a doua lingură pentru a scoate aluatul din lingură. Se amestecă scurt aluatul și se repetă porționarea până când sunt 5 pakoras în ulei.

e) Prăjiți, ajustând arzătorul dacă este necesar pentru a menține temperatura uleiului de 370 până la 380 de grade, până când pakoras sunt maro auriu intens, 1½ până la 2 minute pe parte.
f) Folosind un skimmer spider sau o lingură cu fantă, transferați pakoras pe grătarul pregătit și puneți-l în cuptor. Reveniți uleiul la 375 de grade și repetați cu aluatul rămas în două serii suplimentare. Serviți imediat.

78.Socca cu ceapa caramelizata si rozmarin

Face: 6 până la 8 (face patru pâine plate de 10 inci)

INGREDIENTE:
SOCCA
- 1½ cani de apa
- 1⅓ cani (6 uncii) făină de năut
- ¼ cană ulei de măsline extravirgin, împărțit
- 1 lingurita sare de masa
- ¼ linguriță de chimen măcinat

TOPING
- 2 linguri ulei de măsline extravirgin, plus extra pentru stropire
- 2 căni de ceapă tăiată subțire
- ½ linguriță sare de masă
- 1 lingurita rozmarin proaspat tocat
- Sare de mare grosieră

INSTRUCȚIUNI:
a)   Pentru socca Ajustați grătarul cuptorului în poziția de mijloc și încălziți cuptorul la 200 de grade. Puneți un grătar în tava de copt cu ramă și puneți-l la cuptor pentru a se preîncălzi. Bateți apa, făina, 4 lingurițe de ulei, sarea și chimenul într-un castron până când nu rămân cocoloașe. Lăsați aluatul să se odihnească în timp ce pregătiți toppingul, cel puțin 10 minute.

b)   Pentru garnitură Încinge uleiul într-o tigaie antiaderentă de 10 inchi la foc mediu-mare până când se afumă. Adăugați ceapa și sare și gătiți până când ceapa începe să se rumenească pe margini, dar încă mai are puțină textură, 7 până la 10 minute. Adăugați rozmarin și gătiți până devine parfumat, aproximativ 1 minut. Transferați amestecul de ceapă în bol; pus deoparte. Ștergeți tigaia cu prosoape de hârtie.

c)   Încinge 2 lingurițe de ulei într-o tigaie goală acum la foc mediu-mare până când se afumă. Ridicați tigaia de pe foc și turnați ½ cană de aluat în partea îndepărtată a tigaiei; învârtiți ușor în sensul acelor de ceasornic până când aluatul acoperă uniform fundul tigaii.

d)   Întoarceți tigaia la încălzire și gătiți socca, fără a o mișca, până când se rumenește bine și devine crocantă pe marginea de jos, 3 până la 4 minute (puteți arunca o privire la partea inferioară a soccai slăbindu-l de pe partea laterală a tigaiei cu o spatulă de cauciuc rezistentă la căldură).

e) Întoarceți socca cu o spatulă de cauciuc și gătiți până când a doua parte este doar gătită, aproximativ 1 minut. Transferați socca, cu partea rumenită în sus, pe grătarul pregătit în cuptor. Repetați de încă 3 ori, folosind 2 lingurițe de ulei și ½ cană de aluat per lot.

f) Transferați socca pe tabla de tăiat și tăiați fiecare în felii. Serviți, acoperit cu ceapă călită, stropită cu ulei suplimentar și stropită cu sare de mare.

79. Mămăligă la grătar cu ceapă și gorgonzola

Face: 8 (face 16 triunghiuri de mămăligă)

INGREDIENTE:
- 2 căni de apă
- 1 lingura rozmarin proaspat tocat
- ½ linguriță sare de masă
- 1 cană mămăligă instant
- 3 linguri plus 1 lingurita ulei de masline extravirgin
- 4 ceai, tăiați
- 4 uncii de brânză gorgonzola, înmuiată
- 1 lingură smântână groasă
- 1 lingura miere

INSTRUCȚIUNI:
a) Ungeți o tavă pătrată de 8 x 8 inci, tapetați cu hârtie de copt și ungeți pergament. Aduceți apa la fiert într-o cratiță medie la foc mediu-înalt. Se amestecă rozmarinul și sarea. Se toarnă încet mămăligă în apă în jet constant, în timp ce se amestecă constant și se întoarce la fiert.
b) Reduceți căldura la mediu-scăzut și continuați să gătiți până când boabele de făină de porumb sunt fragede, aproximativ 30 de minute, amestecând la fiecare câteva minute. (Mămăliga trebuie să fie foarte groasă.)
c) Pe foc, se amestecă cu 3 linguri de ulei de măsline și se transferă mămăliga în tigaia pregătită, se netezește cu o spatulă de cauciuc și se lasă să se răcească complet, aproximativ 30 de minute.
d) Înfășurați strâns în folie de plastic și dați la frigider până când mămăliga este foarte fermă, 2 ore.
e) Scoateți mămăliga din tava și răsturnați-o pe tabla de tăiat; aruncați pergamentul. Tăiați în 4 pătrate egale și apoi tăiați fiecare pătrat în 4 triunghiuri; dați la frigider până când sunt gata de grătar. Aruncați ceapă verde cu lingurița rămasă de ulei.
f) Pentru un grătar cu cărbune Deschideți complet ventilația de jos. Starter ușor pentru coș de fum umplut cu brichete de cărbune (6 litri). Când cărbunii de deasupra sunt parțial acoperiți cu cenușă, turnați uniform peste jumătate din grătar. Puneți grătarul de gătit la loc, acoperiți și deschideți complet aerisirea capacului. Încinge grătarul până se încinge, aproximativ 5 minute.

g) Pentru un grătar pe gaz Puneți toate arzătoarele la putere mare, acoperiți și încălziți grătarul până când este fierbinte, aproximativ 15 minute.

h) Curățați și ungeți grătarul de gătit, apoi ștergeți în mod repetat grătarul cu prosoape de hârtie bine unse cu ulei până când grătarul devine negru și lucios, de 5 până la 10 ori.

i) Prăjiți triunghiuri de mămăligă și ceai (acoperiți dacă folosiți gaz) până când mămăliga și ceai sunt ușor carbonizați pe ambele părți, 5 până la 7 minute, întorcându-le după cum este necesar. Pe măsură ce mămăligă și ceai se termină de gătit, transferați mămăliga pe platoul de servire și ceai pe tabla de tăiat. Tăiați ceapa și combinați cu gorgonzola și smântână într-un castron mic.

j) Acoperiți fiecare felie de mămăligă cu o linguriță plină de amestec de gorgonzola. Stropiți cu miere și serviți.

80. Pajeon

Face: 6 până la 8 (face două clătite de 10 inci)

INGREDIENTE:

Sos de scufundare
- 2 linguri sos de soia
- 1 lingura apa
- 2 lingurițe de oțet de orez neasezonat
- 1 lingurita ulei de susan prajit
- ½–1 linguriță de gochugaru
- ½ lingurita zahar

Clatite
- 10 ceai
- 1 cană (5 uncii) de făină universală
- ¼ cană (1 uncie) amidon de cartofi
- 1 lingurita zahar
- 1 lingurita praf de copt
- ½ lingurita piper
- ¼ lingurita de bicarbonat de sodiu
- ¼ linguriță sare de masă
- 1 cană apă cu gheață
- 2 catei de usturoi, tocati
- 6 linguri ulei vegetal, împărțit

INSTRUCȚIUNI:

a) Pentru sosul de scufundare Se amestecă toate ingredientele într-un castron mic; pus deoparte.

b) Pentru clătite Tapetați 2 farfurii mari cu un strat dublu de prosoape de hârtie și lăsați deoparte. Separați părțile verde închis ale ceaiului de părțile albe și verde deschis. Înjumătățiți părțile albe și verde deschis pe lungime. Tăiați toate părțile de ceață în lungimi de 2 inci și lăsați-le deoparte.

c) Se amestecă făina, amidonul de cartofi, zahărul, praful de copt, piperul, bicarbonatul de sodiu și sarea împreună într-un castron mediu. Adăugați apă cu gheață și usturoi și amestecați până la omogenizare. Folosind o spatulă de cauciuc, îndoiți ceapa până când amestecul este omogen.

d) Încinge 2 linguri de ulei vegetal într-o tigaie antiaderentă de 10 inci la foc mediu-mare până când se afumă. Amestecați aluatul pentru a se recombina. Treceți lama de spatulă prin centrul aluatului pentru a se înjumătăți, apoi răzuiți jumătate din aluat în centrul tigaii. Răspândiți în rondele de grosime uniformă, acoperind fundul tigaii, folosind o spatulă sau cleşti pentru a muta ceaiurile, după cum este necesar, astfel încât să fie distribuite uniform într-un singur strat.

e) Agitaţi tigaia pentru a distribui uleiul sub clătite şi gătiţi, ajustând căldura după cum este necesar pentru a menţine focul uşor (reduceţi căldura dacă uleiul începe să fumeze), până când bulele din centrul clătitei izbucnesc şi lasă găuri în suprafaţă şi partea inferioară este maro aurie, 3 până la 5 minute .

f) Întoarceţi clătitele şi apăsaţi ferm în tigaie cu dosul spatulei pentru a se aplatiza. Adăugaţi 1 lingură de ulei vegetal pe marginile tigaiei şi continuaţi să gătiţi, apăsând ocazional clătitele pentru a se aplatiza, până când a doua parte devine maro auriu, 2 până la 4 minute. Transferaţi în farfuria pregătită.

g) Repetaţi cu restul de 3 linguri de ulei vegetal şi aluatul rămas. Lăsaţi a doua clătită să se scurgă pe a doua farfurie pregătită timp de 2 minute. Tăiaţi fiecare clătită în 6 felii şi transferaţi-le pe platou. Se serveste, trecand sosul separat.

81. Patrate de spanac

Face: 10 până la 12 (face 32 de pătrate)

INGREDIENTE:
- 1 cană (5 uncii) plus 2 linguri de făină universală
- 1 lingurita praf de copt
- ¾ linguriță sare de masă
- ½ lingurita piper
- ¼ lingurita de piper cayenne
- 1 cană supă de pui
- 3 ouă mari
- 20 uncii spanac tocat congelat, dezghețat și stors uscat
- 12 uncii de brânză Gruyère, mărunțită (3 căni)
- 1 ceapa, tocata fin
- 2 catei de usturoi, tocati
- 1 uncie brânză parmezan, ras (½ cană)

INSTRUCȚIUNI:
a) Reglați grătarul cuptorului în poziția de mijloc sus și încălziți cuptorul la 375 de grade. Pulverizați o tavă de copt de 13 pe 9 inchi cu spray de ulei vegetal.
b) Se amestecă făina, praful de copt, sarea, piperul și cayenne într-un castron mare. Se adaugă bulionul și ouăle și se bate până se omogenizează. Se amestecă spanacul, Gruyère, ceapa și usturoiul până se combină.
c) Transferați amestecul în vasul de copt pregătit și presărați cu parmezan.
d) Coaceți până se rumenește deasupra și clocotește pe margini, 40 până la 45 de minute. Lasam sa se raceasca in tava 20 de minute. Tăiați în 32 de pătrate de dimensiuni egale. Serviți cald.

82.Aripi de bivol la cuptor

Produce: 6 până la 8

INGREDIENTE:

- 3 kilograme de aripioare de pui, tăiate la jumătate la articulație și vârfurile aripilor îndepărtate, tăiate
- 1 lingura praf de copt
- ½ linguriță sare de masă
- ⅔ cană sos Frank's RedHot Original Cayenne Pepper
- 1 lingura unt nesarat, topit
- 1 lingura melasa

INSTRUCȚIUNI:

a) Reglați grătarul cuptorului în poziția de mijloc și încălziți cuptorul la 475 de grade. Tapetați tava de copt cu ramă cu folie de aluminiu și deasupra cu un grătar.
b) Se usucă aripile cu prosoape de hârtie, apoi se amestecă cu praf de copt și sare într-un castron. Aranjați aripile într-un singur strat pe grătar.
c) Prăjiți aripioarele până devin aurii pe ambele părți, aproximativ 40 de minute, răsturnând aripioarele și rotind foaia la jumătatea prăjirii.
d) Între timp, amestecați sosul iute, untul și melasa într-un castron mare.
e) Scoateți aripioarele din cuptor. Reglați grătarul cuptorului la 6 inci de elementul pentru broiler și încălziți broilerul.
f) Prăjiți aripile până când devin maro auriu pe ambele părți, 6 până la 8 minute, răsturnând aripile la jumătatea coacerii.
g) Adăugați aripioare în sos și amestecați pentru a acoperi. Servi.

83.Rulouri ușoare cu ouă

Face: 8 (face 8 rulouri de ouă)

INGREDIENTE:
- 8 uncii carne de porc măcinată
- 6 ceai, părți albe și verzi separate și tăiate subțiri
- 3 catei de usturoi, tocati
- 2 lingurițe de ghimbir proaspăt ras
- 3 căni (7 uncii) amestec de salată de varză
- 4 uncii de ciuperci shiitake, cu tulpină și tocate
- 3 linguri sos de soia
- 1 lingura zahar
- 1 lingura otet alb distilat
- 2 lingurite ulei de susan prajit
- 8 împachetări de rulouri de ouă
- 2 cani de ulei vegetal

INSTRUCȚIUNI:
a) Gătiți carnea de porc într-o tigaie antiaderentă de 12 inchi la foc mediu-mare până când nu mai devine roz, aproximativ 5 minute, rupând carnea cu o lingură de lemn.
b) Adăugați albușurile de ceai verde, usturoiul și ghimbirul și gătiți până se parfumează, aproximativ 1 minut.
c) Adăugați amestecul de salată de varză, ciupercile, sosul de soia, zahărul și oțetul și gătiți până când varza se înmoaie, aproximativ 3 minute.
d) Pe foc, amestecați uleiul de susan și verdeața de ceață. Transferați amestecul de carne de porc pe o farfurie mare, întindeți-o într-un strat uniform și lăsați-l la frigider până se răcește suficient pentru a fi manipulat, aproximativ 5 minute. Ștergeți tigaia cu prosoape de hârtie.
e) Umpleți vasul mic cu apă. Lucrând cu câte un ambalaj de rulou de ouă, orientați ambalajele pe blat, astfel încât un colț să fie îndreptat spre marginea blatului.
f) Puneți ⅓ cană de umplutură ușor ambalată pe jumătatea inferioară a ambalajului și modelați-o cu degetele într-o formă cilindrică îngrijită. Folosind vârful degetelor, umeziți întreaga margine a ambalajului cu o peliculă subțire de apă.
g) Îndoiți colțul de jos al ambalajului în sus și peste umplutură și apăsați-l pe cealaltă parte a umpluturii. Îndoiți ambele colțuri laterale ale ambalajului peste umplutură și apăsați ușor pentru a sigila. Rulați

umplerea peste sine până când ambalajul este complet sigilat. Lăsați rulourile de ouă cu cusătura în jos pe blat și acoperiți cu un prosop de hârtie umed în timp ce umpleți și modelați rulourile de ouă rămase.

h) Tapetați farfuria mare cu un strat triplu de prosoape de hârtie. Încinge ulei vegetal într-o tigaie goală acum la foc mediu la 325 de grade. Folosind clești, puneți toate rulourile cu ouă în tigaie, cu cusătura în jos și gătiți până când devin maro auriu, 2 până la 4 minute pe fiecare parte. Transferați în farfuria pregătită și lăsați să se răcească puțin, aproximativ 5 minute. Servi.

84. Prăjituri cu spanac și edamame de orez brun

Face: 8 până la 10 (realizează 24 de prăjituri)

INGREDIENTE:
Sos de soia
- ¼ cană sos de soia
- 2 linguri otet de orez neasezonat
- 2 linguri mirin
- 2 linguri de apa
- 1 ceapă, feliată subțire
- ½ lingurita ulei de susan prajit

TURTE DE OREZ
- 1¾ cani de apa
- 1 cană de orez brun cu bob scurt
- 1 cană baby spanac
- ¾ cană edamame decojit congelat, dezghețat și uscat
- 2 foi de nori (8 x 7½ inchi), mărunțite
- 2 ceai, feliați subțiri
- ¼ cană semințe de susan albe, prăjite, împărțite
- 2 lingurițe de ghimbir proaspăt ras
- ½ linguriță sare de masă
- 2 lingurite ulei de susan prajit

INSTRUCȚIUNI:
a) Pentru sosul de soia Combinați toate ingredientele într-un castron mic; pus deoparte.
b) Pentru prăjiturile de orez Aduceți apă și orez la fiert într-o cratiță mare la foc mare. Reduceți focul la mic, acoperiți și fierbeți ușor până când orezul este fraged și se absoarbe apa, 40 până la 45 de minute. Pe foc, puneți un șervețel curat sub capac și lăsați să stea timp de 10 minute. Pufează orezul cu furculița și acoperă.
c) Puls de spanac, edamame, nori, ceai verde, 2 linguri de seminte de susan, ghimbir, sare si ulei de susan in robotul de bucatarie pana cand amestecul este macinat fin (nu trebuie sa fie omogen), aproximativ 10 impulsuri.
d) Adăugați orezul și pulsul până când orezul este tocat grosier și amestecul este bine combinat, aproximativ 8 impulsuri.
e) Împărțiți amestecul de orez în 24 de porții (aproximativ 1½ linguriță fiecare) și aranjați-l pe o foaie de copt tapetată cu pergament. Folosind

mâinile ușor umezite, rulați fiecare în minge, apoi apăsați pe un disc de aproximativ 1½ inci lățime și ¾ inch grosime. Răspândiți restul de 2 linguri de semințe de susan pe farfurie.

f) Rulați ușor părțile discurilor în semințele de susan, apăsând ușor pentru a adera și transferați pe platoul de servire. Serviți cu sos de soia.

85. Green Chile Cheeseburger Sliders

Produce: 10 până la 12

INGREDIENTE:
- 5 linguri ulei vegetal, împărțit
- 1 ceapa, tocata fin
- 3 cutii (4 uncii) de ardei iute verde tocat, scurs
- 1 cățel de usturoi, tocat
- ¼ cană maioneză
- 1 lingura suc de lamaie
- ¾ linguriță sare de masă, împărțită
- 1 kilogram 85 la sută carne de vită macră
- ¼ lingurita de piper
- 4 uncii piper brânză Jack, mărunțit (1 cană)
- 12 chifle albe moi sau chifle de hamburger, feliate și prăjite

a) Se încălzește tigaie din fontă de 12 inchi la foc mediu timp de 3 minute. Adăugați 2 linguri de ulei și încălziți până strălucește. Adăugați ceapa și gătiți până se înmoaie, aproximativ 5 minute.

b) Amestecați ardei iute și usturoi și gătiți până se parfumează, aproximativ 1 minut.

c) Transferați amestecul în robotul de bucătărie și procesați până la o pastă netedă, aproximativ 1 minut, răzuind părțile laterale ale bolului după cum este necesar. Combinați ½ cană de pastă de chile procesată, maioneza, suc de lămâie și ¼ de linguriță de sare într-un castron; pus deoparte pentru servire.

d) Adăugați restul de pasta de chile, carnea de vită, ½ linguriță de sare și ¼ de linguriță de piper într-un castron mare și frământați cu mâinile până se combină uniform. Împărțiți amestecul de carne în 12 bile ușor împachetate, apoi aplatizați-le în chiftelute groase de ¼ inch. Transferați chiftele pe platou și puneți la frigider până se răcesc, aproximativ 30 de minute.

e) Ștergeți tigaia goală acum cu prosoape de hârtie și încălziți la foc mediu timp de 5 minute. Adăugați 1 lingură de ulei și încălziți până se afumă.

f) Puneți 4 burgeri în tigaie și gătiți, fără să vă mișcați, până se rumenesc bine pe prima parte, aproximativ 2 minute. Întoarceți burgerii și acoperiți cu 1 lingură grămadă de piper Jack. Acoperiți și continuați să gătiți până când se rumenește bine pe a doua parte și brânza este topită, aproximativ 2 minute.

g) Repetați în două reprize cu restul de 2 linguri de ulei, burgeri și piper Jack. Serviți burgeri în chifle, acoperiți cu sos de chile.

86.Clasice Pub Glisoare pe bază de plante

Face: 6 până la 8 (face 8 glisoare)

INGREDIENTE:

Sos pentru burgeri
- 2 linguri de maioneza pe baza de plante sau pe baza de oua
- 1 lingura ketchup
- 1 linguriță de gust dulce de murături
- ½ lingurita zahar
- ½ linguriță de oțet alb distilat
- ½ lingurita piper

Glisoare
- 12 uncii de carne măcinată pe bază de plante
- ¼ linguriță sare de masă
- ¼ lingurita de piper
- 8 chifle pentru hamburger slider
- 4 felii de brânză pe bază de plante sau lactate (4 uncii)
- 4 lingurițe ulei vegetal, împărțit
- ¼ cana ceapa tocata marunt, impartita
- ¼ cană apă, împărțită

1 Pentru sosul de burger Se amestecă toate ingredientele într-un castron.
2 Pentru glisoare Tăiați părțile laterale ale pungii cu fermoar de 1 litru, lăsând intactă cusătura inferioară. Folosind mâinile umezite, ciupiți și rulați carnea măcinată în 8 bile (1½ uncie fiecare). Introduceți 1 minge într-o pungă împărțită. Folosind o farfurie transparentă pentru plăcintă sau o tavă de copt, apăsați mingea în chiftelute de 3 inci lățime. Scoateți chiftelul din pungă și transferați-l pe tava de copt. Repetați cu bilele rămase. Se presară chiftele cu sare și piper. Transferați chiftele la frigider și lăsați-le la rece timp de 15 minute.
3 Împărțiți sosul în mod egal între fundul de chiflă. Aranjați fundul de chiflă pe platoul de servire. Stivuiți brânza și tăiați-o în sferturi (veți avea 16 bucăți).
4 Încinge 2 lingurițe de ulei într-o tigaie antiaderentă de 12 inchi la foc mediu-mare până când se afumă. Folosind o spatulă, transferați 4 chiftelute în tigaie. Presărați 2 linguri de ceapă uniform peste blaturile chifteluțelor și apăsați ferm în chiftelute cu spatula. Gătiți chiftele până când se rumenesc bine pe prima parte, aproximativ 1 minut. Întoarceți chiftele și acoperiți fiecare cu 2 bucăți de brânză; adăugați blaturi de chifle.

Adăugați 2 linguri de apă în tigaie (nu udați chiflele), acoperiți și continuați să gătiți până când brânza se topește, aproximativ 90 de secunde.

5 Transferați glisoarele pe fundul de chiflă pregătit, cortul cu folie de aluminiu și lăsați deoparte în timp ce gătiți chiftelele rămase. Ștergeți tigaia cu prosoape de hârtie. Repetați cu restul de 2 lingurițe de ulei, restul de 4 chifteluțe, restul de 2 linguri de ceapă, restul de chifle și restul de 2 linguri de apă. Servi.

aplicații de friteuză cu aer

Scoateți friteuza cu aer atunci când doriți să faceți mici mușcături pentru grupuri mici. Veți evita supraîncălzirea bucătăriei, iar aragazul și cuptorul dvs. vor fi disponibile dacă doriți să gătiți alte feluri de mâncare. Aperitivele noastre prăjite în aer, de la cartofi prăjiți la aripioare, sunt atât ușor de făcut, cât și de devorat.

Aveți mai mulți oameni de hrănit? Toate aceste rețete pot fi dublate. Pur și simplu dublați toate ingredientele și gătiți în loturi.

87.Chips pita din grâu integral cu piper

Face: 2 până la 4 (face 16 jetoane)

1 (8 inchi) pita din grâu integral 100%.
Spray cu ulei de măsline
⅛ linguriță sare de masă
⅛ linguriță de piper

1 Cu ajutorul foarfecelor de bucătărie, tăiați în jurul perimetrului pita și despărțiți-l în 2 rondele subțiri. Pulverizați ușor ambele părți ale fiecărei runde tăiate cu spray de ulei și stropiți cu sare și piper. Tăiați fiecare rundă în 8 felii.

2 Aranjați pene în două straturi uniforme în coșul pentru friteuză. Puneți coșul în friteuza și setați temperatura la 300 de grade. Gătiți până când felii devin maro auriu deschis pe margini, 3 până la 5 minute. Folosind clești, aruncați felii ușor pentru a se redistribui și continuați să gătiți până când devin maro auriu și crocanți, 3 până la 5 minute. Lasati sa se raceasca complet, aproximativ 30 de minute, inainte de servire. (Chipsurile pot fi păstrate într-un recipient ermetic până la 3 zile.)

88. Aripioare de pui lamaie-piper

Produce: 2 până la 4

INGREDIENTE:
- ⅛ linguriță sare de masă
- ¼ lingurita de piper
- 1 lingură coaja de lămâie rasă, plus felii de lămâie pentru servire
- 1 lingură pătrunjel proaspăt tocat, mărar și/sau tarhon

INSTRUCȚIUNI:
a) Se usucă aripile cu prosoape de hârtie și se presară cu sare și piper. Aranjați aripile în strat uniform în coșul pentru friteuză. Puneți coșul în friteuza și setați temperatura la 400 de grade. Gătiți până când aripile devin maro auriu și crocante, 18 până la 24 de minute, răsturnând aripile la jumătatea gătitului.
b) Combinați coaja de lămâie și pătrunjelul într-un castron mare. Adăugați aripioare și amestecați până când sunt acoperite uniform. Serviți cu felii de lămâie.

89.Biluțe de brânză cocktail

INGREDIENTE:

- 8 uncii de brânză, înmuiată
- ¼ cană iaurt simplu fără grăsimi
- 4 uncii brânză cheddar mărunțită
- 4 uncii brânză elvețiană mărunțită, cu conținut scăzut de grăsimi
- 2 lingurite ceapa rasa
- 2 lingurițe Hrean preparat
- 1 linguriță muștar de Dijon în stil rustic
- ¼ cană pătrunjel proaspăt tocat

INSTRUCȚIUNI:

a) Combinați brânza și iaurtul într-un castron mare; bate la viteza medie a unui mixer electric pana se omogenizeaza.
b) Adauga branza cheddar si urmatoarele 4 ingrediente; amesteca bine. Acoperiți și lăsați la rece cel puțin 1 oră.
c) Formați o minge amestecului de brânză și presărați pătrunjel. Apăsați ușor pătrunjelul în bila de brânză.
d) Înfășurați bila de brânză în folie de plastic rezistentă și răciți.
e) Se servesc cu biscuiti asortati nesarati.

90.Curmale cu rodie iaurt grecesc

Produce: 12

INGREDIENTE:
- 12 date
- ½ cană semințe de rodie
- ½ cană iaurt grecesc
- 2 linguri de arahide, macinate
- 1 praf sare

INSTRUCȚIUNI:
a) Tăiați o fantă pe o parte a curmalei.
b) Scoateți sămânța ca să o puteți umple.
c) Umpleți-le cu iaurt grecesc.
d) Așezați-le pe o tavă de servire.
e) Adăugați semințele de rodie deasupra.
f) Adăugați sare și arahide măcinate deasupra. Servi.

91.Jalapenos umpluți cu brânză

Produce: 6

INGREDIENTE:
3 jalapenos
1 cană amestec de brânză cheddar și mozzarella
½ cană pesmet
Sare si piper dupa gust

INSTRUCȚIUNI:
Adăugați folie de aluminiu pe o tavă de copt.
Preîncălziți cuptorul la 380 de grade F.
Tăiați jalapenos în jumătate. Scoateți semințele.
Răziți brânzeturile. Adăugați amestecul de brânză în mijloc.
Așezați-le în foaie. Adăugați pesmet deasupra.
Presărați sare și piper deasupra.
Coaceți timp de 20 de minute. Servi.

92.Chiftele de vită

Produce: 6

INGREDIENTE:
2 cesti carne de vita tocata
2 linguri de ceai, tocat
½ cană de roșii zdrobite
1 lingurita pasta de ghimbir
1 lingurita pasta de usturoi
1 ceapa, tocata
1 ou
Ulei pentru prajit
1 lingura de unt
Sare si piper dupa gust
1 lingurita pudra de chili rosu
1 praf de scortisoara

INSTRUCȚIUNI:
Combinați carnea tocată de vită, oul, ceapa, sare, piper și amestecați bine.
Faceți chifteluțe mici și adăugați la frigider pentru 10 minute.
Prăjiți-le aurii cu ulei. Prăjiți-le în loturi pentru a obține cel mai bun rezultat.
Adăugați-le într-un șervețel de bucătărie.
Acum, intr-o cratita, adauga untul.
Adăugați ghimbirul, usturoiul și amestecați timp de 1 minut.
Adăugați roșiile zdrobite. Se amestecă timp de 2 minute.
Adăugați sare, piper, praf de chili roșu, scorțișoară și gătiți timp de 5 minute.
Adăugați chiftelele și gătiți timp de 8 minute.
Se servește fierbinte cu ceai verde.

93.Supă de roșii cu creveți

Produce: 4

INGREDIENTE:
- 1 cană de creveți de mărime medie
- 1 cană roșii zdrobite
- 2 cani de supa de legume
- 1 cană apă
- 2 linguri lemongrass, tocat
- 1 lingura de ghimbir, feliat
- Sarat la gust
- 1 lingurita boia
- 2 cuișoare
- 1 lingura de unt
- 1 lingura patrunjel, tocat

INSTRUCȚIUNI:
a) Curățați creveții și îndepărtați pielea.
b) Într-o cratiță se topește untul.
c) Se amestecă creveții cu sare și piper timp de 2 minute.
d) Transferați pe o farfurie.
e) In aceeasi cratita adauga cuisoarele, ghimbirul, iarba de lamaie si apa.
f) Se aduce la fiert. Se toarnă supa de legume și se fierbe timp de 6 minute.
g) Adăugați roșiile zdrobite, sare, piper, boia și fierbeți timp de 5 minute.
h) Întoarceți creveții în cratiță și gătiți timp de 3 minute. Se serveste cu patrunjel.

94.Bruschetta cu jalapeno prăjită

Produce: 4

INGREDIENTE:
4 felii de bagheta
1 cană ardei roșu jalapeno
1 lingurita fulgi de chili
3 catei de usturoi
Sare si piper dupa gust
4 linguri așchii de brânză cheddar
1 lingura ulei de masline

INSTRUCȚIUNI:
Prăjiți feliile de baghetă.
Adăugați folie de aluminiu pe o tavă de copt.
Tăiați tulpina jalapenosului.
Adăugați-le în tava de copt. Adăugați usturoiul, uleiul de măsline, sare, piper și coaceți timp de 20 de minute.
Adaugă-le într-un blender. Adăugați fulgi de chili și amestecați până la omogenizare.
Se intinde pe felii de bagheta. Adăugați așchii de brânză deasupra. Servi.

95.Spanac naut Masala

Produce: 4

INGREDIENTE:
- 2 conserve de năut
- 2 căni de spanac
- 2 cepe albe, tocate
- 4 catei de usturoi, tocati
- 1 lingura fulgi de chili
- 1 lingurita boia
- 1 ardei iute roșu, tocat
- 1 lingura de unt
- 1 lingura patrunjel, tocat
- 1 lingura suc de lamaie
- Sare si piper negru dupa gust

INSTRUCȚIUNI:
a) Scurgeți năutul.
b) Într-o tigaie mare, topim untul.
c) Prăjiți usturoiul până devine auriu.
d) Adăugați ceapa și gătiți timp de 2 minute.
e) Acum adăugați năutul și amestecați timp de 4 minute.
f) Se amestecă spanacul, sarea, piperul, boia de ardei și chili roșu.
g) Se amestecă timp de 3 minute.
h) Se serveste cu patrunjel si zeama de lamaie deasupra.

96.Jalapenos umplut cu pui

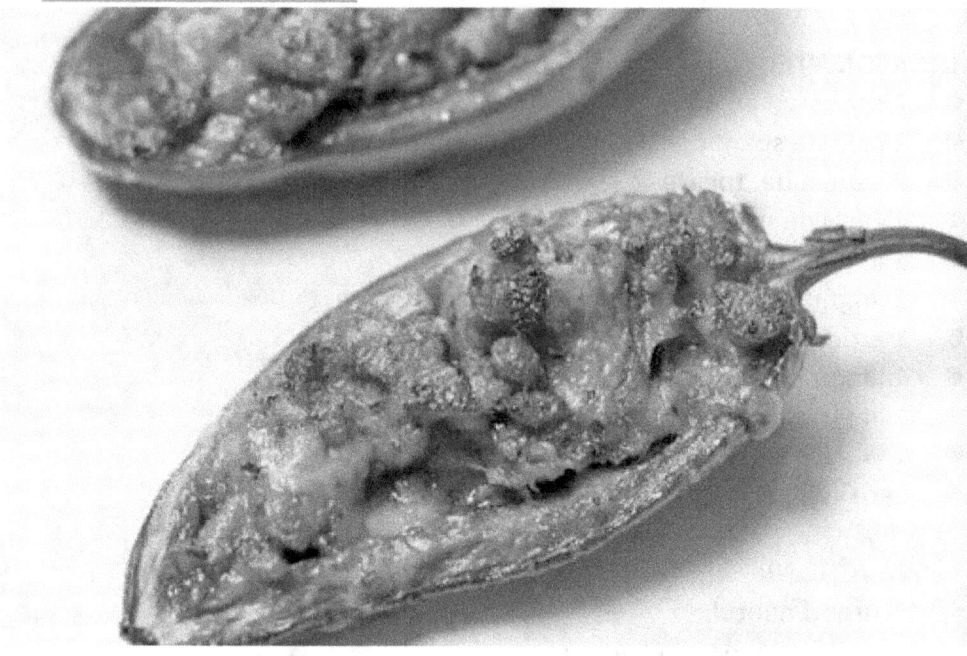

Produce: 8

INGREDIENTE:
4 ardei jalapenos
1 cană de pui tocat
2 cepe, tocate
1 rosie, tocata
½ linguriță rozmarin
½ linguriță oregano
1 lingurita praf de usturoi
1 lingura de unt
1 lingura ulei
Sare si piper negru dupa gust

INSTRUCȚIUNI:
Tăiați tulpina jalapenosului.
Tăiați-le în jumătate. Scoateți semințele.
Așezați-le pe o tavă de copt.
Într-o tigaie se topește untul. Adăugați ceapa și amestecați timp de 2 minute.
Adăugați puiul tocat și gătiți timp de 5 minute.
Adăugați sare, piper, rozmarin, praf de usturoi, oregano și roșii.
Gatiti din nou 5 minute.
Umpleți jalapenos folosind puiul.
Adăugați ulei deasupra. Coaceți timp de 20 de minute. Servi.

97.Bruschetta de sardină de sfeclă

Produce: 5

INGREDIENTE:
5 felii de bagheta
1 sfeclă medie
5 sardine
½ linguriță pudră de usturoi
1 lingurita ulei de masline
Sare si piper dupa gust
½ linguriță de cimbru

INSTRUCȚIUNI:
Prăjiți feliile de baghetă.
Se fierbe sfecla cu sare pana se inmoaie.
Tăiați-o în felii groase.
Adăugați feliile de sfeclă pe feliile de baghetă.
Intr-o tigaie adauga uleiul de masline.
Prăjiți sardinele cu sare, piper doar 2 minute.
Adaugă-le peste feliile de baghetă.
Adăugați cimbru deasupra. Servi.

98. Scallop Deli Mayo Treats

Produce: 5

INGREDIENTE:
5 mini felii de delicatese
5 scoici
5 linguri de maia cu usturoi
Sare si piper dupa gust
1 lingura de unt
Arpagic de servit

INSTRUCȚIUNI:
Intr-o tigaie adaugam untul.
Se calesc scoicile cu sare, piper timp de 3 minute.
Adăugați feliile de delicatese și gătiți timp de 1 minut.
Se pune pe o farfurie de servire.
Adăugați deasupra scoicile, maiaua cu usturoi și arpagicul.
Presărați niște condimente deasupra. Servi.

99.Vinete la gratar cu feta si nuca

Produce: 14

INGREDIENTE:
- 2 vinete medii
- 1 cană brânză feta
- 1 lingura frunze de patrunjel
- 1 lingurita fulgi de chili
- 1 lingurita ulei de masline
- Sare si piper negru dupa gust

INSTRUCȚIUNI:
a) Tăiați tulpina vinetelor.
b) Tăiați-o în felii subțiri.
c) Intr-un gratar, adauga uleiul de masline.
d) Adaugati feliile de vinete si presarati sare, piper.
e) Grill timp de 2 minute pe fiecare parte.
f) Adăugați brânză feta în mijlocul fiecărei felii de vinete.
g) Rotiți-l strâns. Se adauga patrunjelul si fulgii de chili. Servi.

100. Anghinare la cuptor

Produce: 2

INGREDIENTE:
- 1 cană inimioare de anghinare
- 1 lingurita fulgi de chili
- 1 lingura sos de soia
- 1 lingura patrunjel, tocat
- 1 lingurita miere
- 1 lingurita boia
- Sare si piper dupa gust
- 1 lingura ulei de masline

INSTRUCȚIUNI:
a) Adăugați folie de aluminiu pe tava de copt.
b) Tăiați inimile de anghinare în felii mici.
c) Aranjați inimioarele de anghinare.
d) Adăugați sos de soia, fulgi de chili, sare, piper, ulei de măsline, miere și coaceți timp de 20 de minute.
e) Se adauga patrunjelul deasupra. Servi.

CONCLUZIE

Pe măsură ce ne încheiem călătoria prin „CREAȚIILE ULTIME DE TAPAS", sperăm că ați savurat bogatul tapiserie a bucătăriei spaniole și aromele care definesc lumea tapas-ului. Tapas-urile sunt mai mult decât mici mușcături; sunt o expresie a culturii, comunității și artei culinare.

Vă încurajăm să continuați explorarea bucătăriei inspirate de tapas, experimentând rețete noi și împărtășindu-vă creațiile culinare cu prietenii și familia. Fiecare fel de mâncare tapas pe care o pregătiți este un tribut adus aromelor bogate și diverse ale Spaniei și bucuriei de a împărtăși mâncarea cu cei dragi.

Vă mulțumim că faceți parte din această călătorie culinară. Fie ca cunoștințele și abilitățile pe care le-ați dobândit să continue să aducă pe masă esența Spaniei și spiritul tapas-ului să vă anime mereu aventurile culinare. ¡Buen provecho!

www.ingramcontent.com/pod-product-compliance
Lightning Source LLC
Chambersburg PA
CBHW070407120526
44590CB00014B/1300